Schnell mal vegan

Katharina Seiser

Katharina Seiser

Schnell mal vegan

30-Minuten-Rezepte

Brandstätter

Inhalt

Sommer

Herbst

Winter

Warum vegan?

Wenn wir alle weniger Fleisch essen sollen, was essen wir denn dann? Ich verstehe die Frage – und ich habe Antworten. Denn ich bin selbst weder Vegetarierin noch Veganerin (obwohl ich hiermit das dritte vegane Kochbuch veröffentliche und sieben vegetarische herausgegeben habe), kann also mitreden: mit all jenen, denen bewusst ist, dass wir zu viel Tier essen, es aber dennoch gern essen. Trotz des manchmal schwer auszuhaltenden Widerspruchs, dass es schmeckt – und ein Lebewesen ist.

Ich bin als Tochter einer Drogistin in der Bio-Branche aufgewachsen. Meine Mama und ihr Mann haben Anfang der 80er-Jahre einen Bioladen in Bayern eröffnet, als das noch ziemlich ungewöhnlich war. Es gab neben halbmeterhohen Basilikumbunden im Frühjahr, echten Mandarinen im Winter und zig verschiedenen Pflanzenölen eine Theke mit zwei dicken grauen Marmorplatten, auf denen französischer Rohmilchbrie lag. Für die Hardcore-Ökos ging das damals (noch) gar nicht, aber meine Mama stellte die Freude am guten Essen in den Vordergrund. Durch die Hintertüre bekamen die Kundschaften bessere Qualität, verantwortungsvolleren Umgang mit Ressourcen und Tieren sowie echten Geschmack mit. Wissen über Herstellungsprozesse, Sauerteigbrot, Gewürze aus aller Frauen Länder.

Ich bin in dem Bewusstsein aufgewachsen (und sehe das noch immer so), dass als Allererstes kompromisslos bester Geschmack kommt, dass Bio die Norm ist, dass man Tiere nicht einfach so nebenbei isst, und dass selbstverständlich auch für ein Joghurt, ein Ei und ein Stück Käse Tiere sterben müssen. Dass Lebensmittel wertvoll sind. Meine Mama ist gerade in Pension gegangen. Eine Marmorplatte von damals hat sie sich behalten, die andere habe ich.

SEISERNAL KOCHEN

Als Studentin in Salzburg war mein liebstes Ritual (neben dem Kaffeehaussitzen und Politisieren) der donnerstägliche Einkauf auf der Schranne, dem nach wie vor größten und schönsten Grünmarkt Österreichs. Und was kauft man auf einem Bauernmarkt überwiegend ein? Gemüse und Obst, das gerade Saison hat. Langsam bekam ich mit, was wann am besten schmeckt, und meine kulinarische Neugier nahm immer öfter ihren Ausgang bei einer saisonalen Zutat. Damals wusste ich noch nicht, dass 20 Jahre später der Verleger meiner Bücher, Nikolaus Brandstätter, einen eigenen Begriff dafür prägen würde: Ich begann „seisernal“ zu kochen. Für kurze Zeit auch in einem kleinen Lokal.

VOM ERNTEANTEIL ZUM BESTSELLER

Als ich 2001 nach Wien zog, fing die Suche nach den besten Quellen für meinen unstillbaren Hunger nach 1-A-Ware von vorn an. Ich graste die Märkte und Bioläden ab, blieb bei einem Bio-Gemüsestand hängen, von dem wir regelmäßig einkauften, weil die Ware von atemberaubend guter Qualität und Frische war. Mein Mann und ich entschieden 2011, Teil der ersten solidarischen Landwirtschaft Österreichs zu werden – weil es der einzige Weg war, weiterhin zu diesem Gemüse zu kommen. Wir sind immer noch dabei und holen 50 Mal im Jahr unseren wöchentlichen Ernteanteil von diesem biodynamisch bewirtschafteten Hof. Seither steht das Gemüse im Mittelpunkt unserer Ernährung, obwohl wir beide neugierige Allesesser/innen sind.

Weil ich mich aber auch in die damals noch sehr misstrauisch beäugte Welt des Veganismus einfühlen wollte, schlug ich dem Frauenmagazin, für das ich schon seit Jahren Reportagen und warenkundliche Geschichten über Lebensmittel schrieb, einen Selbstversuch vor: „Wie schmeckt vegan?" Ich hatte das Thema schon beinahe vergessen, als kurz vor Weihnachten 2013 der Auftrag für diese Geschichte kam. Ab 1. Januar 2014 machte ich also meinen dreiwöchigen Selbstversuch (ohne vom britischen „Veganuary" zu wissen, der ebenfalls im Jänner 2014 zum ersten Mal stattfand), damit ich den Text dazu rechtzeitig für die März-Ausgabe fertigschreiben konnte. Am 2. Januar hatte ich die Idee für mein Buch „Immer schon vegan". Mein Verleger lachte ungläubig, als ich ihm im Frühjahr 2014 das Thema bei einem rein pflanzlichen Mittagessen präsentierte. Ich meinte es ernst. Das Buch erschien im Jänner 2015. Es ist zum Klassiker geworden, aktuell in der 10. Auflage. Aber warum?

Mein Aha-Erlebnis waren Gerichte wie italienische Pizza marinara, persisches Kräuterragout mit viel getrockneter Limette und roten Bohnen, das mir eine Freundin während meines Selbstversuches gekocht hatte, südostasiatische Desserts mit Kokosmilch, duftendem Pandanblatt, Palmzucker und reifen Früchten, die wir auf Reisen kennengelernt hatten, georgische Auberginenröllchen mit Walnüssen. Alles immer schon vegane Gerichte, über Generationen tradiert, ohne irgendein Ersatzprodukt. Davon wollte ich mehr. Und ich wollte diese Erkenntnis mit möglichst vielen Menschen teilen.

So machte ich mich für das Buch (und dessen Fortsetzung „Immer wieder vegan", die 2020 erschienen ist) auf die Suche nach dem, was die Großmütter vieler Länder gekocht hatten, bevor es das Wort „vegan" überhaupt gab. Und ich wurde reich belohnt: mit Rezepten aus Korea und dem Libanon, aus Griechenland und Amerika, aus Marokko und Georgien und zig anderen Ländern. In meinen Büchern finden Sie sie alle.

NEBENBEI GUT FÜRS KLIMA

Eine Küche, die auf Gemüse basiert, hat leider den Ruf, wahnsinnig viel Zeit zu fressen. Das ist natürlich übertrieben, aber etwas Wahres ist schon dran: Wer mit Rüben, Blättern, Knollen, Hülsenfrüchten kocht, hat mehr und längere Vorbereitungs-, Schneid- und Garprozesse, als es benötigt, ein Stück Fleisch oder ein Convenience-Produkt (egal ob mit oder ohne Tier) in die Pfanne zu werfen. Ich bin aber überzeugt, dass frisch zubereitete, möglichst abwechslungsreiche Küche aus überwiegend pflanzlichen Zutaten der Schlüssel zu fast allem ist: zum Klimaschutz und zum Tierwohl sowieso, auch zur Welternährung,

Ressourcenverteilung und zum Wohlbefinden. Das ist alles längst wissenschaftlich erwiesen (schauen Sie z.B. online nach der „Planetary Health Diet", der gemeinsamen Anstrengung von Wissenschaftler/inne/n weltweit, eine Ernährung vorzuschlagen, die zukunftstauglich und realistisch ist). Ein gar nicht so unangenehmer Nebeneffekt: Wer mit frischen pflanzlichen Zutaten kocht, kauft preiswerter ein.

In meinen ersten Büchern hatte ich keine Zeitangaben gemacht. Ich war der Meinung, dass Essen und Ernährung wieder mehr Bedeutung bekommen müssten, wollte zu sinnvoll verbrachter Zeit ohne Stoppuhr in der Küche verführen. Das ist auch gelungen, aber wenn ich ehrlich zu mir bin: Selbst mein Mann und ich, die beide in kreativen Berufen selbständig arbeiten, haben viele Tage, an denen schnell etwas Gutes auf den Tisch muss. Auf Basis unseres großen Gemüsevorrates und in der Überzeugung, dass mehr Pflanzen zu essen gut für alle(s) ist.

DARAUF KÖNNEN SIE SICH VERLASSEN

Darum haben wir uns selbst ein Buch mit vertrauten, bewährten Gerichten gewünscht, die in überschaubarer Zeit auf dem Tisch stehen. Das Gute lag nicht nur nahe, sondern war schon da: In meinen beiden veganen Büchern und den Bänden der vegetarischen Reihe waren viele traditionell rein pflanzliche Rezepte versteckt, an die man im Kontext der schnellen Küche nicht denken würde. Ich habe jene bewährten Rezepte ausgesucht, die in ca. einer halben Stunde fertig sind, sie alle noch einmal sorgfältig überarbeitet, Schritte ökonomischer formuliert, Zutaten wo sinnvoll vereinfacht oder mehr Alternativen angegeben. Sowohl bei meinen eigenen Rezepten (gut die Hälfte in diesem Buch), als auch bei jenen der Autor/inn/en meiner Länderküchen-Reihe, die für die Idee sofort zu haben waren und mir mit ihrer Expertise auch für „Schnell mal vegan" beratend zur Seite gestanden sind.

In diesem Buch finden Sie daher rund 80 schnell gemachte, meist ganz einfache, rein pflanzliche Rezepte, auf die Sie sich verlassen können. Sie stammen aus über 25 Ländern. Sie sind dort Klassiker, auch wenn wir von vielen noch nie gehört haben. Überall auf der Welt kochen Omas unvergessliche Kindheitsgerichte.

Die Rezepte sind in fünf Jahreszeiten unterteilt. Meist entscheidet eine nur saisonal – oder nur zu gewissen Zeiten wirklich gute – verfügbare frische Zutat über die Zuordnung zur Saison. Manchmal ist es aber auch der Charakter, die Würzung oder Konsistenz einer Speise. Es sind kalte, lauwarme und warme Gerichte, jedes davon kann als befriedigende Mahlzeit dienen. Wenn Sie ein paar Minuten mehr Zeit zur Verfügung haben: Auf S. 20/21 finden Sie Ideen für davor und danach. Extra für dieses Buch habe ich die Grundrezepte für stets perfekt gegarten Reis, Bohnen und Kichererbsen, mein Fladenbrot aus der Pfanne und andere Basics (ab S. 22) so genau beschrieben, dass Sie sicher sein können, dass sie immer gelingen.

BEREICHERN STATT BEVORMUNDEN

Die Zutaten stammen alle aus dem Pflanzenreich (s. Speisekammer ab S. 10). Ersatzprodukte oder Imitate von tierischen Produkten sind dazu keine nötig. Warum ich diese für entbehrlich halte? Weil sie von standardisiertem, stets gleichem Geschmack sind, häufig hoch verarbeitet, daher nicht so wertvoll wie ihre ursprünglichen Rohstoffe, dafür oft aromatisiert, mit Geschmacksverstärkern, Farbstoffen, Konservierungsstoffen normiert und haltbar gemacht. Da geht abgesehen von echtem Geschmack auch ein Stück weit Ernährungssouveränität verloren. Tofu und Tempeh, Sojamilch, Mandelmilch und Horchata aus z.B. Reis oder Erdmandeln sind keine Ersatzprodukte, sondern seit Jahrhunderten, manche auch seit Jahrtausenden in Asien und Europa verwendete eigenständige Lebensmittel.

Um zum Beginn zurückzukommen: Wir essen ja nicht deshalb noch immer viel zu viel Fleisch und tierische Produkte, weil wir zu bequem sind, sondern weil uns vor lauter Gewohnheit in unserer Esskultur nicht einfallen will, was man stattdessen essen könnte, das genauso froh und satt macht. Vor allem, wenn's schnell gehen muss. Ich bin aber überzeugt davon, dass man nicht vegan leben muss, um mehrmals pro Woche richtig gut rein pflanzlichen essen zu wollen.

Dazu soll dieses Buch dienen: ganz einfach einen Zugang und Ideen zu finden, vielleicht sogar neue Lieblingsgerichte. Es soll zum Entdecken anderer Länderküchen, Zubereitungsarten und Gemüsesorten anregen. Und das bei überschaubarem Zeitaufwand. Wenn alle, die eine schnelle Mahlzeit aus diesem Buch essen, zuvor auch gemeinsam kochen, geht's noch flotter und macht noch mehr Freude. Zusammenarbeit und Weltoffenheit bereichern immer, auch in der Küche.

Viel Vergnügen beim Ausflug in die Pflanzen-Welt!

KATHARINA SEISER

PS: Bevor Sie loslegen, lesen Sie bitte „Vor dem Kochen“ auf S. 18 durch, eine Art Mini-Reiseführer für dieses Buch.

Speisekammer

ALLES VON DER PFLANZE

Bei meinem letzten Einkauf fiel mir ein Korb mit Mandeln in Aktion auf. Auf den Packungen stand fast so groß wie das Wort „Mandeln" das Wort „vegan". Warum? Natürlich sind Mandeln rein pflanzlich (das Marketing macht daraus „vegan"), wie jede andere Nuss oder Frucht oder Gemüse, wie jedes Gewürz, jedes Öl, jeder Salat, wie jedes Getreide, jede Hülsenfrucht, jeder Pilz.

Beim Einkauf für dieses Buch müssen Sie nicht nach dem Wörtchen „vegan" auf Packungen suchen, sondern nur eine einzige Richtschnur im Kopf haben: Handelt es sich um eine **Zutat** und stammt sie **von einer Pflanze**? Rund 100.000 essbare Pflanzen gibt es auf der Welt, also viel mehr Arten, Sorten und Kombinationen, als zumindest ich mir überhaupt vorstellen kann. Im Vergleich dazu sind die wenigsten Grundnahrungsmittel tierischen Ursprungs: Fleisch, Fisch, Eier, Milchprodukte und Honig. Halbfertig- oder Convenience-Produkte mit langen Zutatenlisten (mit oft auch tierischen Zutaten) sind keine Grundnahrungsmittel oder Zutaten für die frische Küche, deshalb sind sie für unseren Zweck und dieses Buch nicht relevant.

Ich verstehe unter einer gut gefüllten Speisekammer beste, nicht oder nur wenig verarbeitete Zutaten, bei mir so gut wie immer **aus Bio-Landwirtschaft**, die ich mit dem passenden Rezept in frisches, aromatisches Essen verwandeln kann.

Begleiten Sie mich auf einen kurzen Spaziergang durch die Möglichkeiten, die uns das Pflanzenreich für unsere Ernährung bietet.

Kartoffeln & Co.

Kartoffeln
Süßkartoffeln
stärkehaltige Knollen

Je nach Erdteil dienen andere stärkehaltige Knollen als energiereiche Grundnahrungsmittel. Sie bilden die Basis für sättigende Gerichte. Gelagert werden sie dunkel, luftig und kühl, aber nicht im Kühlschrank. Keime von ausgetriebenen, ansonsten aber prallen Kartoffeln entfernt man, ebenso wie alle grünen Stellen. Sie enthalten das giftige Solanin. Kartoffelschalen sollte man aus dem gleichen Grund nicht im Übermaß essen, höchstens von Frühkartoffeln, bei denen die Schalen noch ganz zart und dünn sind.

Gemüse

Fruchtgemüse
Kohlgewächse
Blatt- & Stängelgemüse
Wurzelgemüse
Lauchgewächse
und viele mehr

Gemüse ist das Herzstück der saisonalen Küche, die besten Quellen sind Wochenmärkte, Hofläden, Ernteanteile von solidarischen Landwirtschaftsbetrieben (Solawi, CSA) oder Gemüsekisten. Mein Mann und ich haben seit über einem Jahrzehnt einen wöchentlichen Ernteanteil vom ersten solidarischen Gärtnerhof Österreichs. Es ist der einfachste Weg, Gemüse ins Zentrum der eigenen Ernährung zu stellen – weil es immer da ist und man „drumherum" kocht, ja, manchmal auch kochen muss.

Fast alle Gemüse halten im Kühlschrank besser, die kälteempfindlichen Fruchtgemüse wie Zucchini, Paprika, Gurken und Auberginen besser in einer Box ganz oben. Nicht in den Kühlschrank dürfen Tomaten, Zwiebeln und Knoblauch.

Pilze

frische Zuchtpilze
frische & getrocknete Wildpilze

Es gibt sie das ganze Jahr über frisch, sie enthalten reichlich hochwertiges Eiweiß – und sie schmecken fantastisch. Bei uns haben sie bis auf passionierte Pilzsuch-Familien keine so große Fangemeinde, dabei sind besonders Zuchtpilze, die noch dazu keinen Putzaufwand erfordern, sehr schnell in befriedigende Speisen verwandelt.

Pilze sollte man immer so frisch wie möglich verwenden, Zuchtpilze maximal ein paar Tage mit feuchten Tüchern bedeckt im Kühlschrank lagern.

Salat & Kräuter

süße & bittere Salate
knackige & filigrane Blätter
frische & getrocknete Kräuter

Kein Tag ohne Salat! Konsistenz und Geschmack, frisch und abwechslungsreich: Mehr als eine gute Salatschleuder, Lieblingsessig und -öl braucht es dafür nicht. Der Appetit auf Vielfalt kommt dann von selbst – und die ändert sich mit der Saison, ob zarter Kopfsalat im Frühling, knackiger Römersalat im Sommer oder zum Verlieben schöner Radicchio im Winter.

Kräuter zur Deko zu degradieren, halte ich für einen schweren Fehler. Sie sind essenzielle Bestandteile einer guten Küche und sollten viel großzügiger verwendet werden.

Salate ebenso wie frische Kräuter lagert man im Kühlschrank. Kräuter bleiben dort länger frisch, wenn man sie in mit kaltem Wasser ausgespülte (wiederverwendbare) Tiefkühlbeutel oder Vorratsbehälter gibt.

Hülsenfrüchte

frische & getrocknete Bohnen
Erbsen
Sojabohnen & Tofu
Linsen
Kichererbsen

Die Superstars der pflanzlichen Küche enthalten viel hochwertiges Eiweiß, das kombiniert mit Getreide (egal ob Brot, Reis, Polenta etc.) und Nüssen oder Samen vollwertige Mahlzeiten ergibt, die alles haben, was unser Körper zum einwandfreien Funktionieren und Wohlbefinden braucht.

Die beste Auswahl gibt es im Bioladen, immer mehr Betriebe bauen (wieder) Hülsenfrüchte nicht nur als Zwischenfrucht zur Bodenbelebung und als Viehfutter an, sondern auch für den menschlichen Genuss. Ich mag besonders gern Linsen, weil sie so wunderbar würzig schmecken und so schnell zubereitet sind.

Gegen Kichererbsen oder Bohnen aus der Dose ist nichts einzuwenden. Wie man sie selbst gart, lesen Sie ausführlich ab S. 28.

Gewürze

getrocknete & frische Gewürze
Salz
Essig
Würzpasten
Fermentiertes
Zitrusfrüchte

Der große Vorteil von Gewürzen ist, dass sie bis auf wenige Ausnahmen nicht teuer sind und – vor allem im Ganzen – lange halten. Man kann sich damit vom eigenen Herd aus um die Welt kochen.

Lagern Sie trockene Gewürze unbedingt verschlossen, trocken, lichtgeschützt und nicht warm (also nicht über oder neben dem Herd). Salz und Essig halten ewig. Sojasaucen, Miso, Salzzitronen, Kapern, Oliven etc. gehören in den Kühlschrank. Zitronen und Limetten ebenso. Zitrusfrüchte sind sowohl für Aroma als auch für Säure unentbehrlich.

Pfeffermühle, Zestenreibe und ein schwerer Mörser sind Verbündete von Gewürzliebhaber/inne/n.

(Brot-)Getreide

Weizen & Hartweizen
Roggen
Urgetreide
Hafer & -flocken
Mehl & Grieß
Bulgur & Couscous
Teigwaren
Brot

Getreide ist das Rückgrat der pflanzlichen Küche. Es macht mengenmäßig den größten Teil unserer Ernährung aus. Ob als Brot oder Teigwaren, Mehlspeisen oder zum Frühstück in Form von Granola oder Porridge. Qualität und Abwechslung sind wichtig.

Beim Brot bewirken Sauerteig und Langzeitführung gute Bekömmlichkeit. Aus altem Brot kann man Brotsalat, Croûtons und Brösel machen (mehr dazu auf S. 86).

Reis, Mais & Co.

weißer, roter, schwarzer Reis
Reismehl, Reisnudeln, Reispapier
Mais & Polenta
Buchweizen, Quinoa & Amaranth

Während bei uns Brotgetreide im Zentrum der Ernährung steht, ist es in Asien Reis, in Afrika und weiten Teilen Amerikas Mais. Sogenannte Pseudogetreide wie Quinoa und Amaranth enthalten ganz besonders viel hochwertiges Eiweiß – bei pflanzlichen Mahlzeiten immer erstrebenswert. Auch Buchweizen, Hirse und der nicht mit Reis verwandte Wildreis bringen Abwechslung in die Küche.

Über Reis und wie man ihn verlässlich gut zubereitet, lesen Sie ab S. 22.

Nüsse & Samen

Walnüsse
Haselnüsse
Mandeln
Pistazien
Pinienkerne
Erdnüsse
Sonnenblumenkerne
Kürbiskerne
Sesam & Tahin
und viele mehr

Öle & Fette

Olivenöl nativ extra
Öle aus Samen & Nüssen
Kokosöl/-fett

Bei meinen Kochworkshops fällt mir immer wieder die Angst vor Ölen und deren zögerliche Verwendung auf. Ich finde das schade, denn hochwertige Öle und Fette sorgen nicht nur für besten und typischen Geschmack, sondern sind auch wertvolle Energielieferanten.

Sehr wichtig bei (vor allem kaltgepressten) Ölen ist Frische. Kaufen Sie daher lieber kleinere Flaschen oder Dosen. Öle immer lichtgeschützt und nicht zu warm (d.h. nicht über oder neben dem Herd) lagern und nach Verwendung sofort wieder verschließen.

Zur Basisausstattung gehört ein hoch erhitzbares Bratöl (bei mir meist Sonnenblume oder Raps) und mindestens ein Olivenöl (nie an der Qualität sparen und immer nativ extra, damit kann man auch problemlos braten) sowie ein aromatisches, kaltgepresstes Öl, z.B. Walnuss oder Distel. Abwechslung macht Freude!

Sie gehören viel öfter auf unsere Teller – weil sie so gut schmecken und weil sie so hochwertiges Fett und Eiweiß enthalten. Das Wichtigste bei Nüssen und Samen ist deren Qualität und Frische. Lagern sollte man sie immer gut verschlossen (wer Platz hat: im Tiefkühler, sie tauen sehr schnell auf) und rasch aufbrauchen. Mehr über Tahin steht auf S. 171.

Für viele Rezepte werden Nüsse und Samen trocken in der Pfanne bei mittlerer Hitze unter häufigem Rütteln geröstet, bis sie zu duften und leicht zu bräunen beginnen. Das eröffnet noch einmal andere Geschmacksdimensionen.

Süßes

Zucker aus Rübe, Rohr und Palme
Ahornsirup
Dicksaft aus Apfel, Birne, Traube etc.
Marmelade
Schokolade & Nougatcreme

Süßes liefert sofort Energie, verleiht Desserts und Backwaren ihren Charakter, hat aber daneben auch eine wichtige weitere Funktion in der Küche: Es rundet den Geschmack von sauren oder salzigen, bitteren oder sehr umamireichen/würzigen Gerichten ab. Am besten wie ein Gewürz behandeln und einsetzen.

Trockenfrüchte

Rosinen
Datteln
Feigen
Kernobst
Steinobst
Kokosnuss & -milch
und viele mehr

Trockenfrüchte erfüllen viele Rollen: Sie liefern Energie und Süße, Textur, Säure und Fruchtigkeit. Kein Wunder, dass sie in vielen Küchen eine so große Rolle spielen. Bei uns werden sie leider oft auf Kuchen, Gebäck oder Studentenfutter reduziert. Dabei werten sie vor allem Salate, Ragouts und Getreidegerichte enorm auf.

Ich verwende nur ungeschwefeltes Trockenobst. In gut verschließbaren Gläsern aufbewahrt ist es vor Schädlingen wie vor Austrocknung geschützt und lange haltbar.

Kokosflocken und -raspeln immer ungesüßt einkaufen. Gute Kokosmilch enthält mindestens 60 % Kokosnuss und außer Wasser keine weiteren Zutaten.

Früchte

Kernobst
Steinobst
Beeren
Melonen
Trauben
Feigen
Zitrusfrüchte
Wildfrüchte
und viele mehr

Zu Beginn dieses Kapitels habe ich Gemüse als das Herzstück der saisonalen Küche bezeichnet. Genau genommen ist es nur eine Herzhälfte, die andere ist das Obst. Reife Früchte gehören zu den größten Freuden überhaupt. Leider halten sie sich nicht an Zeitpläne und wenn man unverhofft einiger Kilo feinster Himbeeren oder Aprikosen, Birnen oder Bitterorangen habhaft wird, dann geht es ans Konservieren: Manche kann man einfrieren, andere zu Kompott verarbeiten (beste Nachspeise, s. S. 21) oder zu Marmelade einkochen.

Äpfel, Bananen, Melonen oder Pfirsiche produzieren Ethylen, das andere Früchte (und Gemüse) schneller reifen lässt, daher sollte man diese immer getrennt lagern.

Zum Schneiden sollte man ein eigenes Brett für Früchte reservieren, das niemals für Zwiebel, Knoblauch etc. verwendet wird.

ZUM WEITERLESEN

Eine ausführliche Warenkunde in 13 Kapiteln finden Sie in meinem Buch „Immer wieder vegan“ (Brandstätter 2020). Wie der Geschmack ins Essen kommt, erkläre ich in 11 Porträts in meinem Buch „Immer schon vegan“ (Brandstätter 2015).

In der Küche

Vor dem Kochen

FÜR WIE VIELE PERSONEN SIND DIE REZEPTE GEDACHT?

Die Rezepte sind für eine unterschiedliche Anzahl an Personen konzipiert, weil manche sich gut für zwei eignen, andere sich ohne viel Mehraufwand in größeren Mengen zubereiten, hervorragend mitnehmen oder aufwärmen lassen. Bei jedem Rezept steht über den Zutaten, für wie viele Portionen es gedacht ist.

WARUM STEHT KEINE GENAUE ZEITANGABE BEIM REZEPT?

Jede/r kocht anders, hat mehr oder weniger Übung und nimmt sich mehr oder weniger Zeit. Aber alle Gerichte aus diesem Buch (bis auf die Grundrezepte S. 22 ff.) stehen in etwa einer halben Stunde auf dem Tisch. Ganz sicher dann, wenn alle, die bei Tisch sitzen, vorher auch beim Kochen helfen.

WAS BEDEUTET DAS SYMBOL  ?

All jene Rezepte, die man gut mitnehmen kann (ziemlich viele), sind mit diesem Symbol gekennzeichnet.

WARUM SIND MANCHE ZUTATEN FARBIG HINTERLEGT?

Zu diesen Zutaten gibt es weiterführende Einträge im **Glossar** ab S. 170.

OFENTEMPERATUREN

Die Hitzeart (Ober-/Unterhitze oder Umluft) steht immer dabei.

WARUM TL KEINE KAFFEELÖFFEL UND EL KEINE SUPPENLÖFFEL SIND

Bei den Zutaten finden Sie häufig Mengenangaben in TL/EL. Gemeint sind damit **Messlöffel**, die es in Sets mit meist 1 EL, 1 TL, ½ TL und ¼ TL zu kaufen gibt. Steht nichts dabei, ist immer der gestrichene bis zart gehäufte Löffel gemeint. So ein Set ist sehr praktisch. Es vereinfacht die Übereinkunft über Mengen, weil Löffel von Essbesteck (Kaffeelöffel oder Suppenlöffel) im Gegensatz zu Messlöffeln sehr unterschiedliche Füllmengen haben können.

WERKZEUG

Für die Rezepte in diesem Buch brauchen Sie vor allem eins: wirklich scharfe **Messer**. Nur dann geht die Arbeit – und zu schneiden ist in der Gemüseküche meist viel – leicht und schnell von der Hand. Lassen Sie Ihre Messer regelmäßig schleifen, je nach Koch-Häufigkeit ca. jährlich. Sie werden Sie danach nicht mehr aus der Hand legen wollen. Für manche Rezepte benötigen Sie einen **Mixstab**. Für dieses Buch ist weder ein Handmixer noch eine Küchenmaschine nötig. Eine **Salatschleuder** ist eine gute Investition.

IHREN SINNEN VERTRAUEN

Sie finden in den Rezepten meist genaue Angaben zu Größen, Zeiten, Temperaturen, Beschreibungen von Konsistenzen, Bräunungsgraden etc. Aber beim Kochen kommt es letztendlich immer auch auf **Ihre Sinne** an: Achten Sie auf Farb- und Konsistenzveränderungen, schnuppern Sie, hören Sie genau hin und verwenden Sie, wo es geht, Ihre Hände. Und **schmecken Sie immer alles ab**! Oft wirken ein Spritzer Säure, eine gute Prise Salz oder – wo es passt – milde Sojasauce oder ein großzügiger Faden Olivenöl Wunder.

WO ANFANGEN?

Klingt banal, ist aber ernst gemeint: **Lesen Sie bitte das Rezept** vor dem Einkauf und vor Kochbeginn komplett durch. Nur dann können Sie Aufwand, Zutaten und Werkzeug wirklich einschätzen und sind vor unliebsamen Überraschungen gefeit. Und auch wenn Sie wissen, dass Sie mit diesen Rezepten nur eine halbe Stunde in der Küche stehen werden: Die **Mise en Place** – das Bereitstellen aller Zutaten in der aufgeräumten Küche, bevor es an die eigentliche Zubereitung geht – ist das wichtigste Prinzip, das wir aus der Gastronomie in die Haushaltsküche übernehmen sollten. Denn sie bewahrt vor hektischem Suchen nach Zutaten oder deren Vergessen, ganz besonders dann, wenn's schnell gehen soll.

EINKAUF

In der **Warenkunde** S. 10 ff. und im **Glossar** S. 170 ff. finden Sie konkrete Tipps zu vielen Lebensmitteln. Ich halte gerade bei rein pflanzlichen Rezepten, die auf frischen Zutaten basieren (Gemüse, Hülsenfrüchte, Salate, Kartoffeln, Kräuter, Pilze ...) Saisonalität für zentral. Ausgereift und kurz transportiert schmecken diese Lebensmittel einfach besser – und kosten weniger als außerhalb ihrer Saison. Darum sind die Rezepte in diesem Buch auch **nach Saison** sortiert.

Ich kaufe wenn möglich (also fast immer) **Bio**, im Idealfall von persönlich bekannten Produzentinnen und Produzenten. Bei Zutaten aus aller Welt achte ich auf Bio-Anbau und – wenn geht – fairen Handel. Zutaten, die nur in Asia- oder Orientshops und oft nicht in Bio-Qualität verfügbar sind, sollten weder Aromen noch Geschmacksverstärker enthalten.

TEIGWAREN & REIS

Es sind immer Nudeln aus 100 % Hartweizen und weißer Reis gemeint. Natürlich können Sie auch Teigwaren aus anderem Getreide oder Naturreis verwenden, jedoch ändern sich dadurch Geschmack, Konsistenz und Garzeiten.

OLIVENÖL & PFLANZENÖL

Bei Olivenöl ist immer **Olivenöl nativ extra** gemeint, man kann damit auch problemlos braten. Richtig gutes Olivenöl, egal ob z.B. aus Italien, Spanien, Griechenland oder Kroatien, ist leider selten im Supermarkt zu finden, eher in Online-Shops und Feinkostläden. Die Beschäftigung damit lohnt sich, denn gerade in der schnellen Küche ist der Wohlgeschmack einzelner Zutaten wichtig. Steht in den Zutaten **„neutrales Pflanzenöl"** wird meist auch eine konkrete Sorte empfohlen. Sie können getrost Ihr vertrautes Öl verwenden, z.B. Sonnenblumen-, Raps-, Maiskeim- oder Bratöl, Hauptsache von guter Bio-Qualität.

KRÄUTER

Zugegeben, „1 Bund Petersilie" oder „½ Bund Schnittlauch" lassen viel Interpretationsspielraum zu. Auf dem Bauernmarkt kann ein Bund riesig sein, im Feinkostladen aus ein paar Zweiglein bestehen. Grammgenaue Angaben sind aber auch keine Option, denn außer bei sehr geschmacksintensiven Kräutern, die zur Sicherheit ohnehin in Zweigen angegeben sind, können Sie nichts falsch machen. Lassen Sie sich leiten von dem, was Sie in guter Qualität bekommen und mögen.

SALZ

So sehr ich Meersalz liebe, so unbehaglich ist mir beim Gedanken an das unvermeidliche Mikroplastik darin. Daher verwende ich mittlerweile überwiegend naturbelassenes, d.h. trocken abgebautes Steinsalz, das es (reichlich verfügbar und preiswert) aus deutschen Salzbergwerken gibt. Sie finden es überall im Biohandel und vermehrt auch in Supermärkten. Neuerdings gibt es sogar Salzflocken aus österreichischem Steinsalz.

Ideen für Frühstück, Vor- und Nachspeise

FRÜHSTÜCK

Wer gern süß frühstückt, findet die klassische Kombi aus Brot und süßem Brotaufstrich in vielen Ländern:

In Italien ist es z.B. **Nuss-Nougat-Creme**, am besten mit hohem Haselnussanteil und viel Kakao. Die passt besonders gut auf helles, knuspriges Brot, z.B. geröstetes Baguette oder Weizensauerteigbrot, aber auch auf Mischbrot.

In der Türkei ist **Tahin** mit **Pekmez** üblich, meist im Verhältnis 3 Teile Tahin zu 1 Teil Pekmez individuell gemischt. Auch anderer Sirup schmeckt köstlich, z.B. aus Maulbeeren, Feigen, **Datteln**, Carob oder Granatapfel (Letzterer ist sehr sauer, deshalb behutsam dosieren). Passt gut zu Pita-Brot (S. 24) oder Fladenbrot mit Sesam. Und in den USA ist das **PB&J (Peanut Butter & Jelly Sandwich)** beliebt: weiches Sandwichbrot mit Erdnussbutter (besonders fein: crunchy und zart gesalzen) und Traubengelee, am besten aus aromatischen Direktträger-Weintrauben wie Isabella oder Concord.

Porridge mit gerösteten Nüssen oder selbstgemachtes Granola (mein Rezept steht in „Immer wieder vegan“) mit saisonalem Kompott geht immer.

Wer's lieber salzig mag: **Brotaufstriche** wie Hummus (S. 32), Muhammara, Baba Ganoush, Guacamole… passen auch zum Frühstück, am besten auf aufgebackenem, warmem Pita-Brot (S. 24) oder anderem Fladen- oder Weißbrot, dazu je nach Saison ein paar Oliven (und deren Öl), Gurken oder Tomaten, frische Kräuter oder eine gute Prise Dukkah oder Zatar (in Ägypten und dem Nahen Osten beliebte Gewürzmischungen). In Japan ist **Miso-Suppe, Reis und eingelegtes Gemüse** eine typische Frühstücks-Kombi. Wie's geht, steht z.B. in „Immer schon vegan“. Zur Saison spanischer Bio-Hass-Avocados (Jahresende bis ca. Mai) esse ich sehr gern meine Version des **Avocado-Toasts** (S. 70) zum Frühstück.

VORSPEISEN

Wenn's schnell gehen soll, ist keine Zeit und kein Kopf für mehrere Gänge. Aber je nach geplantem Haupt-Gericht kann eine der folgenden Ideen für „Davor" Geschmack, Texturen und Temperaturen ergänzen bzw. abrunden:

- ein sorgfältig marinierter **Blattsalat der Saison**, vielleicht mit frischen Sprossen, gerösteten Nüssen, Samen oder in Olivenöl goldbraun gebratene Croûtons (Brotwürfeln aus Weiß- oder Mischbrot S. 58)

- **rohe Gemüsesticks** (z.B. Kohlrabi, Karotten, Stangensellerie, Rettich) mit bestem Olivenöl und Salz oder Tahinsauce (s. Tipp S. 114)

- oder frische **klare Gemüsebrühe** (S. 26) mit kurz bissfest gegarter Gemüse-Julienne (in feine Streifen oder mit dem Sparschäler geschnittene „Bänder") oder kleinen Suppennudeln

NACHSPEISEN

Einen süß-fruchtigen Happen, besonders nach scharfen, säuerlichen oder sehr umamireichen Haupt-Gerichten, mag ich immer. Und der ist auch bei kleinem Zeitbudget drin:

- Bei mir sind es am liebsten **frische, reife Früchte der Saison**, egal ob Beeren, Steinobst, Melonen, Feigen, Birnen, Mandarinen oder Blutorangen. Wichtig ist nur: perfekt gereift, süß und saftig. Wenn Zeit ist und/oder viele Früchte im Haus sind, gibt's Obstsalat mit etwas frisch gepresstem Zitrussaft und selbstgemachtem Sirup (z.B. Holunderblüte oder Lavendel) mariniert.

- In der kalten Jahreshälfte kommen zusätzlich zu den frischen oder mazerierten Zitrusfrüchten stolz die selbst gemachten **Kompotte und Röster**, z.B. Sauerkirsche, Pfirsich, Wildpflaume, Zwetschke, Holunderbeere oder Birne, stets gekühlt und in schönen kleinen Schälchen auf den Tisch.

- Für Schokoladenfans gibt es ein im Vergleich zum französischen Original leichtes, aber sehr schokoladig schmeckendes Rezept für eine **Schoko-Mousse**, die ganz einfach aus bestem Seidentofu und Bitterschokolade gemacht wird. Wie's genau geht, steht auf esskultur.at.

Zeit für ein paar Basics

REIS KOCHEN

Während in Mitteleuropa als Beilage meist Langkornreis verwendet wird, gibt es in den Herkunftsländern klare Vorstellungen davon, welchen Reis man wozu isst: In Indien und im Nahen Osten ist es meist der besonders langkörnige und intensiv duftende **Basmatireis**. In Südostasien und China der ebenfalls duftende, etwas klebrigere **Jasminreis** (thailändischer Duftreis), in Japan der nur bei uns so bezeichnete **Sushireis**, ein Rundkornreis, dessen Körner nach dem Garen aneinander haften. Wählen Sie Reis je nach Herkunft und Charakter des Gerichtes aus.

Für alle drei Reisarten gilt: **Reis immer gründlich waschen**: Das entfernt Staub und Stärke, der Reis duftet, schmeckt besser und wird lockerer. Abgemessenen Reis in eine Schüssel (des Reiskochers) geben und mit kaltem Wasser auffüllen, dabei den Reis mit der Hand stetig bewegen, aber nicht kneten (sonst brechen die Körner). Das Wasser abgießen und den Vorgang wiederholen, bis das Wasser fast ganz klar ist. Reis in einem Sieb abseihen (oder einweichen). Zum Garen empfehle ich einen **Reiskocher** mit Dampfdruck und Induktion. Für alle, die öfter Reis essen, lohnt sich die Anschaffung nach wenigen Monaten, der Reis wird immer perfekt und locker gegart.

Reis wird in Europa meist mit zu viel Wasser gekocht, das verdünnt den Geschmack und schwemmt wertvolle Inhaltsstoffe aus. Ich gebe daher genaue Mengen für Reis und Wasser in Gramm an, die sich bewährt haben. Jasminreis und Sushireis werden beim Garen nicht gesalzen, Basmatireis schon. Übrig gebliebenen Reis rasch in einem offenen Vorratsbehälter abkühlen lassen, erst dann verschließen und in den Kühlschrank stellen. Dort hält er 2–3 Tage. Er eignet sich – egal welcher Art er ist – für gebratenen Reis.

Basmatireis

ZUTATEN FÜR 2
150 g weißer Basmatireis
250 g (oder ml) Wasser
½ TL Salz
1 TL neutrales Pflanzenöl

ZUTATEN FÜR 4
300 g weißer Basmatireis
450 g (oder ml) Wasser
1 TL Salz
2 TL neutrales Pflanzenöl

1. Basmatireis waschen, bis das Wasser klar ist.

2. Am besten im Reiskocher zubereiten, alternativ wie folgt: wenn Zeit ist, Reis 15 Minuten (besser bis zu 1 Stunde) in kaltem Wasser einweichen.

3. In einem nicht zu kleinen Topf mit gut sitzendem, schwerem Deckel das abgemessene Wasser mit Salz und Öl aufkochen. Reis abseihen, dazugeben, wieder aufkochen lassen. Umrühren, sofort zudecken und auf kleinster Hitze 12 Minuten köcheln lassen, dabei den Deckel nicht öffnen.

4. Hitze ausschalten oder Topf vom Herd ziehen. Küchenpapier unter den Deckel klemmen und Basmatireis noch 5–10 Minuten nachgaren lassen. Mit einer grobzinkigen Gabel oder einem Reislöffel behutsam auflockern.

TIPPS

Basmatireis immer salzen!

Ich koche bei Basmatireis stets mehr, weil er locker und körnig bleibt und daher ideal zum Aufwärmen ist.

Jasminreis (thailändischer Duftreis)

ZUTATEN FÜR 2
150 g weißer Jasminreis
250 g (oder ml) Wasser
kein Salz

ZUTATEN FÜR 4
300 g weißer Jasminreis
450 g (oder ml) Wasser
kein Salz

1. Jasminreis waschen, bis das Wasser klar ist.

2. Am besten ohne Salz im Reiskocher zubereiten, alternativ wie folgt: Reis abseihen, wenn Zeit ist, im Sieb 30 Minuten quellen lassen.

3. In einem nicht zu kleinen Topf mit gut sitzendem, schwerem Deckel das abgemessene kalte Wasser mit dem Reis ohne Salz aufkochen, umrühren, auf kleinster Hitze 15 Minuten zugedeckt köcheln lassen, dabei den Deckel nicht öffnen.

4. Hitze ausschalten oder Topf vom Herd ziehen. Küchenpapier unter den Deckel klemmen und Jasminreis noch ca. 10 Minuten nachgaren lassen. Mit einem Reislöffel oder einer grobzinkigen Gabel behutsam auflockern.

Sushireis

ZUTATEN FÜR 2
200 g weißer Sushireis
250 g (oder ml) Wasser
kein Salz

ZUTATEN FÜR 4
400 g weißer Sushireis
500 g (oder ml) Wasser
kein Salz

1. Sushireis waschen, bis das Wasser klar ist.

2. Am besten ohne Salz im Reiskocher zubereiten, alternativ wie folgt: Reis abseihen, im Sieb 30 Minuten quellen lassen.

3. In einem nicht zu kleinen Topf mit gut sitzendem, schwerem Deckel das abgemessene kalte Wasser mit dem Reis ohne Salz aufkochen, umrühren, auf kleinster Hitze ca. 10 Minuten zugedeckt köcheln lassen, dabei den Deckel nicht öffnen.

4. Hitze ausschalten oder Topf vom Herd ziehen. Küchenpapier unter den Deckel klemmen und Sushireis noch ca. 10 Minuten nachgaren lassen. Mit einem Reislöffel oder einer grobzinkigen Gabel behutsam auflockern.

FRISCHES PITA-BROT (FLADENBROT)

Ich liebe frisches, warmes Fladenbrot – wer tut das nicht? Mit gutem Hummus (S. 32) oder anderen selbst gemachten Aufstrichen oder Dips, ein paar Oliven und eingelegtem Gemüse ist es eine sehr befriedigende Mahlzeit.

Mein Pita-Brot-Rezept ist ganz einfach. Man kann die Brote in der Pfanne backen (meine bevorzugte Methode, ich finde, sie bleiben dabei saftiger), oder im Ofen (s. Variante).

Ich mache gerne ein paar mehr davon und friere sie sofort nach dem Auskühlen in einem Zip-Beutel ein. Bei Bedarf kommt ein Pita-Brot direkt aus dem Tiefkühler in den Toaster. Schmeckt fast wie frisch aus dem Ofen.

Aus altbackenem, aber noch nicht hartem Brot – egal ob Fladenbrot oder anderes Weißbrot – kann man wunderbar **Brotsalat** (z.B. Panzanella S. 88, Fattusch S. 86) oder in Olivenöl geröstete **Croûtons** machen. Ob man das Brot dafür in akkurate kleinere oder größere Würfel schneidet oder mit den Fingern grob zerzupft, ist Geschmacks- und Anlasssache.
Das Rösten geht entweder in der Pfanne – da muss man aber aufpassen, dass nichts verbrennt – oder auf einem Blech mit Backpapier mit Olivenöl beträufelt und leicht gesalzen, flott durchgemischt und bei ca. 180 °C Umluft (200 °C Ober-/Unterhitze) im Ofen einige Minuten knusprig goldbraun geröstet (wenn das Brot zu bräunen beginnt, einmal wenden). Eine genaue Zeitangabe ist unmöglich, weil das von der Art des Brotes, dessen Alter, der Dichte und Dicke der Brotkrume abhängt. Auf einen Salat gestreut oder im letzten Moment daruntergemischt oder zu cremigen Suppen gereicht wird eine runde (und knusprige) Sache daraus.

Pita-Brot aus der Pfanne

ZUTATEN FÜR 8 STÜCK

250 g (oder ml) lauwarmes Wasser (ca. 35 °C)
20 g frische Hefe (ca. ½ Würfel)
1 TL Zucker
380 g Weizenmehl (Type D 550, Ö 700 glatt) + Mehl zum Arbeiten
8 g (1 leicht gehäufter TL) Salz
1 EL Olivenöl

1. In einer kleinen Schüssel in ein paar EL vom lauwarmen Wasser zerbröselte Hefe und Zucker auflösen (geht am besten mit einem kleinen Schneebesen). Mit ein paar EL vom Mehl zu einem dickcremigen Vorteig verrühren. Mit etwas Mehl bestreuen. 10–15 Minuten zugedeckt gehen lassen.

2. Restliches Mehl mit dem Salz in einer Rührschüssel mischen. Vorteig und restliches Wasser dazugeben. Mit den Knethaken des Handmixers (oder der Küchenmaschine) langsam gründlich verkneten. Erst jetzt das Olivenöl einkneten.

3. Mit den Händen (oder mit dem Mixer) zuerst in der Schüssel, dann auf der Arbeitsfläche 3–4 Minuten zu einem glatten Teig kneten. Oder mit der Küchenmaschine fertig kneten. Nur wenn unbedingt nötig noch 1–2 TL Mehl dazugeben. Der Teig sollte weich sein, aber zum Schluss nicht mehr an den Händen kleben.

4. Zu einer Kugel formen, in der Schüssel zugedeckt ca. 45–60 Minuten gehen lassen, bis sich das Volumen etwa verdoppelt hat.

5. Teig auf leicht bemehlter Arbeitsfläche in 8 Stücke à ca. 80 g teilen, diese mit leichtem Druck mit der Handfläche auf der nicht bemehlten (sonst rutscht der Teig weg) Arbeitsfläche zu Kugeln schleifen. Die Kugeln auf dem bemehlten Teil der Fläche absetzen, mit einem Geschirrtuch zudecken und 10–15 Minuten ruhen lassen, damit sich der Teig wieder entspannt (sonst ziehen sich die Brote beim Ausrollen wieder zusammen).

6. Kugeln mit einem Rollholz auf leicht bemehlter Arbeitsfläche relativ dünn rund (ca. 15 cm Durchmesser) ausrollen. Wenn das letzte Fladenbrot ausgerollt ist, sollte das erste bereits wieder leicht gegangen und fertig zum Backen sein. Falls nicht, mit dem Geschirrtuch zugedeckt noch 5–10 Minuten gehen lassen.

7. Eine möglichst schwere Pfanne mit dickem Boden (Gusseisen oder schwere Edelstahlpfanne) auf mittlerer bis hoher Hitze vorheizen. Fladen ohne Fett einlegen, bei mittlerer (! ist die Hitze zu hoch, brennen und kleben die Brote an) Hitze ca. 2–3 Minuten backen, bis sie sich leicht lösen, Blasen werfen und hellbraune Stellen bekommen. Mit einem Pfannenwender wenden und auch auf der zweiten Seite ca. 2–3 Minuten backen, dabei mit dem Pfannenwender evtl. leicht andrücken, falls das Brot gar zu große Blasen wirft und dadurch nicht gleichmäßig garen würde.

8. Fladenbrote aus der Pfanne nehmen und sofort in ein Geschirrtuch einschlagen, damit sie weich bleiben. Warm schmecken sie am besten.

Hinweis: Auf S. 33 sieht man das Pita-Brot oben im Bild.

TIPPS

Das Rezept lässt sich problemlos halbieren (was ich aber nicht empfehle, weil ich nicht sofort benötigte Brote lieber einfriere) oder verdoppeln.

Wer Hartweizenmehl hat: 130 g vom Weizenmehl dadurch ersetzen. Geschmack, Konsistenz und Farbe werden noch besser.

VARIANTE IM OFEN

Vor dem Ausrollen der Kugeln Ofen auf 250 °C Umluft (falls vorhanden, sonst Ober-/Unterhitze) vorheizen. Ein Backblech – oder noch besser einen Backstein – auf der zweiten Schiene von unten mit aufheizen.

Je 2-3 Fladen zugleich auf das heiße Blech/den heißen Stein legen und ca. 3-4 Minuten backen. Die Fladen blähen sich stark auf und bekommen danach hellbraune Stellen.

Herausnehmen und sofort in ein Geschirrtuch einschlagen, damit sie weich bleiben.

FRISCHE GEMÜSEBRÜHE

Für richtig gute Gemüsebrühe (Gemüsefond, klare Gemüsesuppe – zum Aufgießen für Suppen, Saucen oder zum gleich heiß Löffeln) braucht es einwandfreies Gemüse, das aber ruhig schon ein bisschen schlapp sein darf. Nur süßliche Gemüse, sprich: Lauch, Zwiebel, Rüben, Knollen, zur Saison Tomaten und evtl. Pilze verwenden. Nicht in die Suppe sollen: Bittergemüse, Kohlgewächse und stärkehaltige Knollen.

Wenn das Gemüse gründlich gewaschen und geputzt wird, ist Schälen nicht nötig. Je kleiner geschnitten, desto mehr Geschmack kann sich lösen.

Ich setze die Suppe kalt auf, salze zu Beginn und lasse sie offen kochen/ziehen. Das sorgt für gute Extraktion und klare Brühe.

Gemüsebrühe

ZUTATEN FÜR 4 l fertige Brühe

3 Zwiebeln (ca. 300 g)
1 schöne Knoblauchzehe
1 dicke Lauchstange (mind. 250 g)
2-3 Karotten (ca. 200 g)
2-3 gelbe Rüben (ca. 200 g) (oder in Summe 300 g Karotten)
3-4 Selleriestangen (ca. 250 g) (oder Knollensellerie)
ca. 5 l kaltes Wasser
2 gestrichene EL Salz
7 schwarze Pfefferkörner
7 weiße Pfefferkörner
3 Pimentkörner
einige Petersilienstängel (z.B. von Rezepten aufgehoben, für die nur Blätter gebraucht werden)
3 Zweige Thymian
2-3 möglichst frische Lorbeerblätter

1. Alle Gemüse (auch Zwiebeln und Knoblauch) waschen, Lauch längs halbieren und gründlich spülen, Rüben/Knollen schrubben. Zwiebeln mit sauberer Schale in grobe Stücke schneiden, Knoblauchzehe schälen und mit dem Messerrücken andrücken. Lauch grob schneiden. Von Rüben Stielansätze abschneiden (sind oft herb), Rüben/Knollen grob schneiden. Sellerie grob schneiden.

2. Alle Gemüse in einen Topf mit 7–8 l Fassungsvermögen geben. Mit ca. 5 l kaltem Wasser aufgießen. Salz, Gewürze, Kräuter und eingerissene Lorbeerblätter dazugeben. Aufkochen.

3. Auf kleinste Flamme zurückschalten, einmal umrühren, 1 Stunde offen ziehen lassen (weiteres Umrühren nicht nötig).

4. Durch ein grobes Sieb in eine große Schüssel seihen (das ausgekochte Gemüse kommt in den Biomüll). Topf auswaschen.

5. Brühe durch ein sauberes, geruchsfreies Seihtuch oder Nylonsieb zurück in den Topf seihen. Kurz aufkochen. Kochend heiß in ausgekochte Flaschen oder Gläser füllen und sofort verschließen.

TIPP

So abgefüllt hält die Brühe im Kühlschrank einige Wochen bei gleichbleibender Qualität.

VARIANTEN

Je nach Saison, Verfügbarkeit, Verwendungszweck und Geschmack ergänzen mit: 1 Pastinake oder Petersilienwurzel, 1 Fenchel (oder nur äußere Segmente und Stiel), 2–3 reifen Tomaten, 1 Msp. hellen grünen Fenchelsamen, Abschnitten von frischen Pilzen oder wenigen getrockneten Steinpilzen, 1 kl. Rosmarinzweig oder 2-3 Zweigen franz. Estragon, 2-3 dünnen Scheibchen ungeschältem frischem Ingwer.

FRISCHE MAYONNAISE

Erst vor wenigen Jahren wurde entdeckt, dass der konzentrierte Kochsud von gegarten Kichererbsen wie Ei binden kann. Das „Wunder aus der Dose" bekam den Namen Aquafaba. Ich mag klassische Mayonnaise, aber das Ei darin halte ich bezüglich Textur und Geschmack (je nach weiterer Verwendung) für verzichtbar, es geht ja um die Konsistenz bzw. einfach eine andere Darreichungsform von gewürztem Öl. Diese Mayo bietet sich immer „nebenbei" an, wenn Sie eine Dose/ein Glas Kichererbsen verwenden, denn das Aquafaba würde sonst ohnehin nur im Ausguss landen. In der Mayo ist es viel besser aufgehoben.

TIPPS

Dijonsenf oder mittelscharfen Senf statt Estragonsenf verwenden, 1 gute Prise Puderzucker dazugeben.

Die Mayonnaise hält in einem Schraubglas gut verschlossen mind. 1 Woche im Kühlschrank. Sie wird durch das Kühlen noch etwas fester.

Kein Olivenöl verwenden, es macht die Mayo bitter.

Je nach Verwendungszweck mit fein gehackten Kräutern, Kapern, Chili, Chipotle, Zitruszesten, Miso, Salzzitronen etc. variieren.

Verwendung: mit Chipotle oder Zitrus zu gegrillten Paprika, Pilzen oder anderem Gemüse, als Aufstrich in Sandwiches, als Bindung für Salate aus robusteren Gemüsen, z.B. Coleslaw, verdünnt mit z.B. Lake von eingelegten Gurken als Salatdressing.

Mayonnaise aus Aquafaba

FÜR KNAPP 300 G

50 g (oder ml) Aquafaba (Kichererbsen-Kochsud aus Dose/Glas)

2 gehäufte TL Estragonsenf (s. Tipps)

1 knapper EL Apfelessig

¼ TL feines Salz

schwarzer Pfeffer aus der Mühle und/oder Chilipulver

200 g (entspricht ca. 220 ml) mildes Sonnenblumen- oder Rapsöl

1. Mixbecher auf die Waage stellen, tarieren, Aquafaba darin abwiegen. Senf, Essig, Salz und Pfeffer/Chili dazugeben. Einen kleinen Krug auf die Waage stellen, tarieren, Öl darin abwiegen. Mixbecher auf feuchtes Küchenpapier stellen, damit er beim Mixen nicht wegrutscht.

2. Mit dem Pürierstab zuerst Aquafaba mit den Gewürzen kurz schaumig mixen. Dann das Öl langsam (über ca. 2 Minuten) während des Mixens eingießen. Den Mixstab dabei immer wieder langsam nach oben bewegen, damit obenauf stehendes Öl eingemixt wird.

3. Je nach Verwendungszweck mit Salz, Säure und Gewürzen abschmecken.

HÜLSENFRÜCHTE KOCHEN

Gegen vorgegarte Hülsenfrüchte aus Glas oder Dose ist nichts einzuwenden. Ich kaufe und verwende sie selbst gern, vor allem Kichererbsen, aber auch Bohnen, immer aus Bio-Landwirtschaft und wenn möglich aus heimischem Anbau.

Wer Muße hat, kann aber mit den folgenden Anleitungen sicher und erfolgreich auch selbst Hülsenfrüchte garen. Dann lohnt es sich, gleich mehr davon zuzubereiten und die gegarten Kichererbsen oder Bohnen in etwas Kochwasser entweder wenige Tage im Kühlschrank oder in Portionen tiefgekühlt zu lagern. Faustregel: 100 g getrocknete Hülsenfrüchte ergeben ca. 200 g gegarte. Getrocknete Hülsenfrüchte am besten nicht in großen Mengen bevorraten und möglichst frisch verbrauchen, weil sie mit dem Alter dazu tendieren, nicht mehr gleichmäßig oder gar nicht mehr weich zu werden.

Bohnen und Kichererbsen am Vorabend (oder als Erstes am Morgen für den Abend) kalt abspülen und in der drei- bis vierfachen Menge kaltem Wasser 10–12 Stunden (länger bringt nichts) einweichen. In letzter Zeit ist viel zu diesem Thema geforscht worden. Die wichtigsten Erkenntnisse: Das Salzen des Einweich(!)-wassers verkürzt die Kochzeit ebenso wie die Prise Natron. Natron hilft außerdem beim Abbau der schlecht verdaulichen (aka blähenden) Inhaltsstoffe. Wichtig: Einweichwasser immer abgießen. Alle Hülsenfrüchte mit reichlich, aber nicht allzu viel Wasser nach dem Aufkochen bei kleiner Hitze garen. Hülsenfrüchte stets wirklich gar kochen, untergarte Bohnen und vor allem Kichererbsen enthalten Stoffe, die der Gesundheit schaden können.

Linsen koche ich immer selbst und frisch, denn: Linsen kann man, muss man aber nicht einweichen (die Kochzeit verkürzt sich dadurch). Sie garen je nach Sorte (am schnellsten die geschälten gelben und roten, die weich zerfallen) in wenigen Minuten bis zu ca. einer halben Stunde. Ich wasche alle Linsen, obwohl das bei roten und gelben geschälten nicht unbedingt nötig wäre. Weil ich das würzig-pfeffrige Aroma und die Konsistenz von (am liebsten grünen) Linsen so mag, kommen sie bei uns gern auf den Tisch.

LINSEN KOCHEN

Mein Standardrezept für (grüne, braune und schwarze) Linsen: Linsen in einem Sieb kalt waschen. In einen nicht zu kleinen Topf (sie schäumen) geben, mit der 2,5- bis 3-fachen Menge kaltem Wasser auffüllen. Nach Lust und Laune 1–2 (im Idealfall frische) Lorbeerblätter, 1 geschälte Knoblauchzehe, wenn vorhanden wenige Zweige Thymian oder 1 kleinen Zweig Rosmarin, Salz und 1 Schuss Olivenöl dazugeben. Aufkochen, umrühren, Deckel schräg auflegen und auf kleiner Flamme zum gewünschten Gargrad kochen. Dabei ab und zu behutsam umrühren und nach ca. 10–12 Minuten zu probieren beginnen. Linsen sollen gar sein (also nicht hart/trocken/mehlig in der Mitte), aber noch nicht zerfallen, sondern ihre Struktur behalten. Vom Herd ziehen und, wenn sie nicht sofort verwendet werden, mit dem (wenigen) Kochwasser in eine Schüssel umfüllen. Dadurch bleiben die Linsen schön saftig und werden nicht matschig. Für Linsensalat mit einem gelochten Schöpflöffel oder einem groben Sieb herausheben, bei anderen Zubereitungen ggf. mit dem würzigen Sud verwenden.

Kichererbsen und Bohnen kochen

FÜR CA. 500 G GEGARTE KICHERERBSEN ODER BOHNEN

250 g getrocknete Kichererbsen oder Bohnen (egal welche Sorte)

1 TL Salz

¼ TL Natron

1. Kichererbsen oder Bohnen am Vorabend (oder 10–12 Stunden vor dem Kochen) verlesen, in einem Sieb abspülen und in einer Schüssel mit ca. 1 l kaltem Wasser mit Salz und Natron einweichen.

2. Am nächsten Tag (oder nach den 10–12 Stunden) Kichererbsen oder Bohnen in einem Sieb mit kaltem Wasser abspülen, in ca. 1,5–2 l frischem, kaltem Wasser aufstellen.

3. Aufkochen und auf kleiner Hitze mit schräg aufgelegtem Deckel sehr weich kochen, bis sie sich mühelos zwischen den Fingern zerdrücken lassen. Das dauert je nach Alter, Größe und Sorte 1–2 Stunden (große Bohnen und Kichererbsen tendenziell länger als kleine Bohnen, manche Bohnensorten brauchen auch nur ca. 45 Minuten).

4. Abseihen und kurz abspülen. Bei Kichererbsen das Kochwasser je nach Rezept (z.B. für Hummus S. 32) auffangen. Kichererbsen häuten (s. Tipp).

TIPP

Ich häute Kichererbsen immer, erstens ist die Konsistenz dann viel feiner und zweitens sind sie besser verdaulich. Kichererbsen (auch vorgegarte aus Dose/Glas) dafür in einem Sieb kalt abspülen und gut schwenken, damit sich möglichst viele der Häute lösen. Kichererbsen mit den Fingerspitzen aus den Häuten „schnipsen". Das dauert ein bisschen, deshalb am besten zu zweit beim Podcasthören machen.

Jederzeit

Hummus

Hummus bi tahina

Es gibt die Kichererbsencreme längst in jedem Supermarkt, aber selbst gemacht schmeckt sie um Welten besser, weil besonders cremig, mild und harmonisch.

ZUTATEN FÜR 3-4

ca. 250 g gegarte Kichererbsen (S. 29 oder aus Dose/Glas, Abtropfgewicht)

1 möglichst frische Knoblauchzehe

70 g Tahin (Sesampaste) bester Qualität

2 EL frisch gepresster Zitronensaft

Salz

einige Zweige glatte Petersilie

ca. 2 EL Olivenöl nativ extra

frisches Pita-Brot (S. 24) oder getoastete oder frittierte Dreiecke aus altbackenem Pita-Brot

1. Kichererbsen abseihen, dabei ca. 100 ml vom Kochwasser auffangen. Kichererbsen im Sieb abspülen und gut schwenken, damit sich möglichst viele der Häute lösen. Kichererbsen häuten (s. Tipp S. 29).

2. Kichererbsen bis auf ein paar zum Anrichten in den Universalzerkleinerer geben. Knoblauch schälen, halbieren, Keim entfernen. Knoblauch, Tahin und Zitronensaft zu den Kichererbsen geben. 1–2 Minuten mixen, bis eine dicke Creme entsteht. Erst jetzt ca. 70–80 ml Kochwasser dazugeben und weitere 2–3 Minuten sehr fein cremig mixen. Konsistenz nach Vorliebe mit (Koch-)Wasser anpassen. Vorsichtig mit Salz (Menge hängt von Kichererbsen ab) und evtl. Zitronensaft (nicht zu sauer!) harmonisch abschmecken.

3. In eine flache Schale füllen, mit dem Löffel eine Art flachen Krater für das Olivenöl bilden.

4. Petersilie waschen, trockentupfen, inkl. zarter Stängel grob schneiden.

5. Hummus mit den zur Seite gestellten Kichererbsen bestreuen, großzügig mit Olivenöl beträufeln und mit der Petersilie bestreuen. Mit Pita-Brot servieren.

VARIANTEN

Fertiges Hummus wahlweise mit Zatar, Paprikapulver, Kreuzkümmel, grüner Minze, Sumach oder gerösteten Pinienkernen bestreuen.

Zitronenschnitze, Oliven oder Pickles dazu servieren.

Schmorzwiebeln oder gebratene Pilze passen gut dazu.

Kichererbsen zum Teil durch weich gegartes Gemüse, z.B. Rote Rüben, Kürbis oder Karotten, ersetzen.

Hummus kann man auch aus anderen Hülsenfrüchten machen, z.B. weißen Bohnen, Käferbohnen, Favabohnen, Linsen oder getrockneten oder frischen Erbsen.

Bohnensalat

Klasik piyaz

Dieser gehaltvolle, aber erfrischende Bohnensalat ist ein Klassiker der türkischen Kochkultur.

ZUTATEN FÜR 3-4

ca. 500 g gegarte weiße Bohnen oder kleine Augenbohnen (S. 28 oder aus Dose/Glas, Abtropfgewicht)

1 rote Zwiebel

Salz

einige Zweige glatte Petersilie

1 EL frisch gepresster Zitronensaft

3 EL Weißweinessig

1 TL Chiliflocken (z.B. Pul Biber)

schwarzer Pfeffer aus der Mühle

3 EL Olivenöl nativ extra

Weißbrot, am besten Pide, Pita-Brot (S. 24) oder Weizensauerteigbrot

1. Bohnen abgießen, in einem Sieb abspülen und abtropfen lassen.
2. Zwiebel schälen, halbieren und in dünne Scheiben schneiden. Mit etwas Salz verreiben und ca. 3 Minuten ziehen lassen.
3. Petersilie waschen, trockenschütteln. Die zarten Stängel sehr fein, die Blätter etwas gröber schneiden.
4. Zwiebel und Petersilie mit den Bohnen vermengen. Mit Zitronensaft, Essig, Chiliflocken, Salz, Pfeffer und Olivenöl durchmischen und abschmecken.
5. 5–10 Minuten ziehen lassen. Mit frischem Brot servieren.

TIPP

Durch das Verreiben mit Salz wird die Zwiebel bekömmlicher.

VARIANTEN

Klein gewürfelte grüne oder rote Spitzpaprika passen zur Saison gut in diesen Salat.

8-10 schwarze Oliven entkernen, halbieren und den Salat damit garnieren.

Grüne-Linsen-Salat

Yeşil mercimekli ve kuskuslu piyaz

Grüne Linsen in Kombination mit sehr kleinen kugeligen türkischen Nudeln sind gleichzeitig erfrischend und vollmundig.

ZUTATEN FÜR 3-4

200 g grüne Linsen mit nicht zu langer Garzeit

Salz

60 g Kuskus-Nudeln (kleine türkische Nudeln aus Hartweizengrieß in fast kugeliger Graupenform, alternativ reisförmige Nudeln oder Perl-Couscous)

3-4 Frühlingszwiebeln

1 kleiner Bund Dill

einige Zweige glatte Petersilie

2 mittelgroße eingelegte Gurken (bevorzugt Salzgurken oder saure Gurken)

2 EL frisch gepresster Zitronensaft

1 TL Granatapfelsirup

5 EL Olivenöl nativ extra

Weißbrot, am besten Pide, Pita-Brot (S. 24) oder Weizensauerteigbrot

1. Linsen in einem Sieb waschen. In gut 500 ml Salzwasser geben, aufkochen, in 15–20 Minuten (je nach Sorte/Packungsangabe) bissfest kochen (die Linsen sollen fertig gegart sein, aber nicht zerfallen) und abseihen.

2. In einem zweiten Topf Nudeln in reichlich kochendem Salzwasser ca. 10 Minuten (nach Packungsangabe) bissfest kochen und abseihen.

3. Frühlingszwiebeln waschen, putzen und mit dem Grün klein schneiden. Dill und Petersilie waschen, trockenschütteln und inkl. zarter Stängel fein hacken. Gurken klein würfeln.

4. Linsen, Nudeln, Zwiebeln, Kräuter und Gurken in einer Schüssel vermengen.

5. Zitronensaft, Granatapfelsirup und Olivenöl mischen und über den Salat gießen. Mit Salz abschmecken und sofort mit Weißbrot servieren.

Röstbrotsuppe

Geht sehr schnell, schmeckt aber nur aus richtig gutem Sauerteigbrot mit hohem Roggenanteil. Frisch muss es nicht sein.

1. In einem kleinen Topf Salzwasser zum Kochen bringen. Wurzelwerk putzen/schälen, sehr klein würfeln, es werden ca. 3–4 EL benötigt. Wurzelwerk in Salzwasser je nach Größe 2–3 Minuten bissfest blanchieren, abseihen und abtropfen lassen.
2. Knoblauchzehen schälen und in dünne Scheiben schneiden. Brot in kleine Würfel schneiden.
3. Brotwürfel in einem Topf in Pflanzenöl anrösten, Knoblauch dazugeben, kurz hell mitrösten, mit Gemüsebrühe auffüllen, mit Salz und Kümmel würzen. Einmal kurz aufwallen lassen.
4. Liebstöckelblätter abzupfen, in feine Streifen schneiden (benötigt wird ca. 1 EL).
5. Blanchiertes Wurzelwerk in Tellern verteilen. Mit Brotsuppe auffüllen, mit Liebstöckel garnieren.

ZUTATEN FÜR 4

300 g altbackenes, aber noch nicht hartes Schwarzbrot (Roggensauerteig- oder Mischbrot)

etwas Wurzelwerk (z.B. je 1 kleine Karotte, gelbe Rübe, Petersilienwurzel oder Pastinake, 1 kleines Stück Knollensellerie)

Salz

2 Knoblauchzehen

2 EL neutrales Pflanzenöl (z.B. Sonnenblumenöl oder Rapsöl)

1 l Gemüsebrühe (S. 26)

1 Prise gemahlener Kümmel

1 kleiner Zweig Liebstöckel

TIPPS

Schmeckt auch ohne Gemüseeinlage und ist dann in Windeseile auf dem Tisch.

Nach dem Anrichten mit frisch geriebenem Meerrettich bestreuen.

Rote Linsensuppe mit Paprika-Minz-Öl

Mercimek çorbası

Obwohl bei dieser Suppe nichts vom Gemüse angeröstet wird, schmeckt sie aromatisch und vollmundig. Das knusprige Öl und die Zitrone zum Schluss runden das schnelle, sättigende Gericht perfekt ab.

ZUTATEN FÜR 4 ALS VOR-, 2-3 ALS HAUPTSPEISE

100 g mehlige Kartoffeln
100 g Karotten
70-80 g Stangen- oder Knollensellerie
100 g Zwiebeln
1 Knoblauchzehe
200 g rote Linsen
1 EL Tomatenmark
Salz
weißer Pfeffer aus der Mühle

FÜR DAS PAPRIKA-MINZ-ÖL

2 EL Olivenöl nativ extra
1 EL getrocknete grüne Minze (Nana- oder marokkanische Minze, keine Pfefferminze)
1 TL Paprikapulver edelsüß
½ TL Chiliflocken (z.B. Pul Biber)

1 Zitrone (zur Saison im Herbst/Winter Meyer-Zitrone)
Weißbrot (z.B. türkisches Fladenbrot, Pita-Brot (S. 24) oder Focaccia)

1. Für die Suppe Kartoffeln und Karotten schälen und grob würfeln. Sellerie putzen und grob schneiden. Zwiebeln und Knoblauch schälen und beides grob schneiden. Linsen in einem Sieb waschen.

2. In einen nicht zu flachen Topf 1 l Wasser, alle Gemüse inkl. Zwiebel und Knoblauch, Linsen, Tomatenmark und 1 TL Salz geben. Aufkochen lassen, umrühren und ca. 20 Minuten zugedeckt auf kleiner Flamme kochen lassen, bis alle Gemüse weich sind (die Linsen zerfallen dann bereits). Dazwischen ab und zu umrühren.

3. Mit einem Mixstab gründlich pürieren, die Suppe soll schön glatt und sämig sein. Mit Salz und weißem Pfeffer abschmecken.

4. Für das Paprika-Minz-Öl in einem sehr kleinen Topf das Öl auf mittlerer bis hoher Hitze erhitzen, Minze, Paprika und Chiliflocken hineingeben und unter Rühren ganz kurz rösten, bis das Öl zu duften beginnt. Sofort vom Herd nehmen, sonst verbrennt der Paprika und wird bitter.

5. Suppe anrichten, großzügig mit dem heißen Paprika-Minz-Öl beträufeln, mit Zitronenschnitzen und Weißbrot servieren. Das Öl vor dem Essen einrühren und die Suppe mit reichlich Zitronensaft beträufeln.

Kimchi-Pfannkuchen

Kimchijeon

Der klassische koreanische fermentierte Chinakohl schmeckt funky, würzig-säuerlich und meist scharf. Er ist nicht nur eine tolle Beilage, sondern auch Basis für ganz einfache Köstlichkeiten wie diese Pancakes.

ZUTATEN FÜR 2 PFANNKUCHEN/2 PERSONEN ALS HAUPT-, 4-6 ALS VORSPEISE

1-2 TL Sesam (heller geschälter, schwarzer oder gemischter) oder gerösteter Sesam

FÜR DIE PFANNKUCHEN

ca. 200 g Kimchi (es werden ca. 150 g ausgedrücktes Kimchi benötigt)

1 Frühlingszwiebel

100 g Weizenmehl (Type D 550, Ö 700 glatt)

50 g Speisestärke

1 TL Zucker

150 ml Flüssigkeit (aus bis zu ⅓ Kimchi-Lake und Wasser)

1 gute Prise Salz (je nach Salzigkeit des Kimchis)

ca. 6 EL neutrales Pflanzenöl

FÜR DEN DIP

2 EL Sojasauce

2 TL heller Reisessig (alternativ weißer Balsamico/ Condimento bianco)

1. Sesam ggf. in einer Pfanne ohne Fett bei mittlerer Hitze unter häufigem Rütteln 3–4 Minuten rösten, bis er zu duften beginnt und der helle Sesam zu bräunen.

2. Kimchi ausdrücken, die Lake dabei auffangen. Kimchi nach Geschmack fein oder etwas gröber hacken. Frühlingszwiebel putzen, Weißes fein, Grün in Ringe schneiden. Kimchi-Lake mit Wasser auf ca. 150 ml auffüllen.

3. Kimchi und Frühlingszwiebelweißes mit Mehl, Stärke, Zucker und Flüssigkeit mit einem Teigspatel zu einem cremig-dickflüssigen Teig rühren. Mit Salz abschmecken.

4. In einer beschichteten Pfanne (ca. 24 cm) 1,5–2 EL Öl erhitzen. Die Hälfte des Teigs hineingeben, mit dem Teigspatel möglichst gleichmäßig verteilen und etwas flach drücken. 3 Minuten bei mittlerer bis hoher Hitze braten, bis der Pfannkuchen bräunt und knusprig wird. Mit Hilfe eines Pfannenwenders wenden, 1 weiteren EL Öl rund um den Rand träufeln und den Pfannkuchen auch auf der zweiten Seite ca. 3 Minuten braten.

5. Für den Dip Sojasauce mit Reisessig in einer kleinen Schale mischen, etwas gerösteten Sesam dazugeben.

6. Pfannkuchen heiß auf einen flachen Teller oder ein großes Brett stürzen. In Rauten schneiden, mit der Hälfte des Frühlingszwiebelgrün und etwas Sesam bestreuen und sofort mit dem Dip essen. Zweiten Pfannkuchen auf die gleiche Weise braten und heiß nachreichen.

TIPPS

Immer frisch zubereiten.

Gutes Kimchi gibt es in Bioläden und auf Fermentiertes spezialisierten Betrieben.

Wer Gochujang zuhause hat, kann 1 TL in den Teig geben.

Knoblauchpilze auf Röstbrot

Champiñones al ajillo

Pilze mit Räucherpaprika und reichlich Olivenöl auf knusprig geröstetem Brot. Schmeckt so gut, wie's klingt, geht blitzschnell und macht satt.

ZUTATEN FÜR 2

7 EL Olivenöl nativ extra (am besten spanisches)

gutes Weißbrot, z.B. ½ Baguette

200–250 g braune oder weiße Champignons

3 Knoblauchzehen

½ Bund glatte Petersilie

Salz

½ TL geräuchertes Paprikapulver (am besten scharfer spanischer Pimentón de la Vera)

2 EL trockener Sherry

1 TL frisch gepresster Zitronensaft

schwarzer Pfeffer aus der Mühle

Salzflocken zum Bestreuen

1. In einer beschichteten Pfanne 4 EL Olivenöl erhitzen, Weißbrot halbieren, im heißen Öl zuerst einmal wenden, damit das Brot vollständig mit Öl benetzt ist, dann langsam bei geringer Hitze beidseitig knusprig goldbraun braten. Herausnehmen.

2. Champignons putzen, trockene Stielenden dünn abschneiden, Pilze vierteln. Knoblauchzehen schälen, 2 anquetschen, 1 in sehr feine Scheiben schneiden.

3. Petersilie waschen, trockenschütteln, Blätter mitsamt zarter Stängel abzupfen, grob schneiden.

4. Weitere 3 EL Olivenöl in der Pfanne erhitzen, Champignons und ganze Knoblauchzehen ca. 5 Minuten bei hoher Hitze unter ständigem Schwenken braten. Salzen. Gute Pilze verlieren dabei nur wenig Wasser.

5. Knoblauchscheiben und Räucherpaprika beifügen, durchschwenken und sofort mit Sherry ablöschen, mit Zitronensaft, Salz und Pfeffer würzen.

6. Auf mittlerer Hitze weitere 2–3 Minuten braten, bis die Flüssigkeit fast verdunstet ist, die Pilze aber noch Biss haben. Petersilie unterheben.

7. Champignons auf dem Röstbrot anrichten, mit Salzflocken bestreuen.

TIPP

Die Pilze schmecken auch abgekühlt, dann aber das Brot extra servieren.

VARIANTEN

Schmeckt auch mit Austernpilzen oder Kräuterseitlingen.

Gebratene Knoblauchpilze

Suàn chao xianggu

Weil es sie das ganze Jahr über gibt und sie in der Gemüseabteilung nicht besonders auffallen, vergisst man sie oft. Schade, denn Pilze sind unglaublich schnell in ein nahrhaftes, köstliches Gericht verwandelt.

ZUTATEN FÜR 2

150 g Jasminreis (thailändischer Duftreis)

FÜR DIE PILZE

400 g frische Zuchtpilze (am besten ca. 300 g Austernpilze und ca. 100 g Shiitake, aber jede andere Kombination und andere Pilze gehen auch)

2 Knoblauchzehen

1 kleines Stück (ca. 15 g) frischer Ingwer

1 Frühlingszwiebel (nur das Grün)

2 EL chinesischer Reiswein

ca. 100 ml Wasser

1 TL Zucker

1–2 EL Sojasauce

1 TL Speisestärke

3 EL neutrales Pflanzenöl (z.B. Sonnenblumenöl)

Salz

1. Reis kochen (S. 23).

2. Pilze ggf. putzen (nicht waschen!), von den Shiitake harte, trockene Stiele abschneiden und entfernen (oder für Gemüsebrühe (S. 26)/ Dashi verwenden). Pilze je nach Größe zerpflücken, halbieren, vierteln oder in ca. 0,75–1 cm dicke Stücke schneiden.

3. Knoblauch schälen und in sehr dünne Scheiben schneiden. Braune Haut vom Ingwer mit einem Kaffeelöffel abschaben. Ingwer zuerst in dünne Scheiben, diese in Stifte (Julienne) schneiden. Frühlingszwiebelgrün schräg in dünne Ringe schneiden.

4. Reiswein mit Wasser, Zucker und Sojasauce verrühren. In einem extra Schälchen Speisestärke mit ganz wenig kaltem Wasser (max. 1 EL) glattrühren.

5. Alle Zutaten zum Herd stellen, der Reis muss fertig gegart sein, tiefe Teller und Schalen für den Reis müssen bereitstehen. Jetzt geht es sehr schnell!

6. Wok auf höchster Stufe erhitzen. Öl hineingeben, Knoblauch und Ingwer darin unter ständigem Rühren ca. 30 Sekunden anbraten (der Knoblauch darf höchstens gelb werden, noch nicht bräunen). Pilze dazugeben und 2–3 Minuten kräftig rührbraten, leicht salzen.

7. Sauce eingießen, umrühren und weitere 2–3 Minuten schmoren. Mit Sojasauce und/oder Salz abschmecken. Angerührte Speisestärke einrühren, aufkochen und sobald die Sauce bindet, Pilze auf tiefe Teller aufteilen, mit Frühlingszwiebelgrün bestreuen. Reis extra dazu servieren.

TIPP

Benötigt man mehr als 2 Portionen, trotzdem nur für je maximal 2 auf einmal im Wok zubereiten, sonst lassen die Pilze zu viel Wasser.

Rote Kokos-Bohnen

Maharagwe

Die vielen Gewürze in der Zutatenliste wirken indisch, aber bei dem Gericht handelt es sich um einen afrikanischen Klassiker aus Kenia. Schnell gemachtes Comfort Food.

ZUTATEN FÜR 4

300 g Basmatireis oder weiches Fladenbrot (z.B. Pita-Brot (S. 24) oder Chapati)

150 g Zwiebeln
1 Knoblauchzehe
1 scharfe Chilischote
1 kleines Stück (ca. 10-15 g) frischer Ingwer
1 TL mildes Currypulver
½ TL Kurkuma
½ TL gemahlener Kardamom
½ TL gemahlener Kreuzkümmel
½ TL gemahlener Koriander
2 EL neutrales Pflanzenöl (z.B. Sonnenblumenöl)
Salz
200 g stückige Tomaten/Polpa
400 ml Kokosmilch (mindestens 60 % Kokosanteil ohne Zusätze)
ca. 500 g gegarte Kidneybohnen (S. 28 oder aus Dose/Glas, Abtropfgewicht)
evtl. einige Zweige frischer Koriander

1. Falls Reis als Beilage geplant ist, diesen zuerst zubereiten (S. 22).

2. Zwiebeln und Knoblauch schälen. Zwiebeln schälen und halbieren, Knoblauch und Zwiebeln getrennt fein schneiden. Chili ohne Strunk und Samen fein würfeln. Braune Haut vom Ingwer mit einem Kaffeelöffel abschaben, Ingwer fein reiben (ca. 1 TL). Trockene Gewürze in einer kleinen Schüssel mischen.

3. In einem Topf Zwiebeln bei mittlerer Hitze im Öl ca. 3 Minuten glasig anschwitzen, leicht salzen. Knoblauch, Chili und Ingwer kurz mitschwitzen, die Gewürze dazugeben, umrühren, stückige Tomaten, Kokosmilch und ca. 200 ml Wasser dazugeben, aufkochen und salzen (knapp 1 TL).

4. Bohnen abgießen und in einem Sieb abspülen, dazugeben. Aufkochen und auf kleiner bis mittlerer Hitze ca. 10–15 Minuten offen köcheln lassen, damit sie die Aromen annehmen und noch etwas weicher werden. Die Konsistenz der Sauce ist eher flüssig-cremig, wie eine dickcremige Suppe. Mit Salz abschmecken.

5. In tiefen Tellern anrichten, evtl. mit abgezupftem Koriander und Reis (in einer extra Schale) oder Fladenbrot servieren.

TIPP

Hält problemlos mehrere Tage im Kühlschrank und lässt sich gut aufwärmen.

VARIANTE

Mit Knoblauch, Chili und Ingwer zusätzlich 1 geschälte, fein gewürfelte Karotte und/oder 1 fein gewürfelte grüne Paprikaschote mitgaren.

Bohnensuppe mit Pasta

Pasta e fagioli

Wenn sich das stets etwas uneine Italien auf ein verbindendes Gericht einigen müsste, dann wäre Pasta e fagioli ganz oben auf der Liste. Aus über 200 regionalen Varianten ist diese mehrheitsfähig.

1. Knoblauch schälen und fein schneiden. Chili ohne Stiel in feine Ringe schneiden oder zerbröseln. Sellerie waschen, Fäden abziehen, Sellerie klein schneiden.

2. Olivenöl erhitzen und mit Knoblauch, Chili und Sellerie aromatisieren. Passierte oder stückige Tomaten hinzufügen und 15 Minuten zugedeckt kochen. Sugo mit dem Mixstab pürieren.

3. Bohnen abgießen und in einem Sieb abspülen. Bohnen zum Sugo geben und das Sugo offen ca. 10 Minuten einköcheln. Falls nötig mit Wasser strecken.

4. Währenddessen Pasta nach Packungsangabe in kochendem Salzwasser al dente kochen. Mit einem Schaumlöffel abschöpfen und zu den Bohnen geben.

5. Pastawasser dazugießen, bis eine suppige Konsistenz erreicht wird. Auf tiefen Tellern anrichten, mit einem Faden Olivenöl beträufeln.

ZUTATEN FÜR 6-8

500 g Hartweizen-Pasta (Ditali, Ditali rigati, Tubetti, kurze Nudeln oder in der Region Kampanien auch gemischte Pasta (z.B. Ditali und zerbrochene Spaghetti))

FÜR DIE SUPPE

1 Knoblauchzehe

1 kleine Chilischote, frisch oder getrocknet, oder Chiliflocken

1 Stange Sellerie

ca. 100 ml (8 EL) Olivenöl nativ extra + Öl zum Beträufeln

200 g passierte Tomaten/ Passata oder stückige Tomaten/ Polpa

ca. 500 g gegarte kleine weiße Bohnen, z.B. Cannellinibohnen, oder Borlottibohnen (S. 28 oder aus Dose/Glas, Abtropfgewicht)

Salz

schwarzer Pfeffer aus der Mühle

TIPPS

Eignet sich sehr gut zum Aufwärmen, deshalb auch die von Anfang an etwas größere Menge.

Für eine noch sämigere Suppe 1 in kleine Würfel geschnittene mehlige Kartoffel mitkochen und gekocht vollständig zerdrücken.

VARIANTEN

Für eine dickere Suppe ein Drittel der Bohnen pürieren.

In manchen Regionen wird die Pasta statt in Wasser direkt mit den Bohnen mitgekocht.

Linsen mit Nudeln und karamellisierten Zwiebeln

Rishta bi adds

Die Nudeln werden mit den Linsen gegart, das süße Aroma der geschmorten Zwiebeln fängt gemeinsam mit der präsenten Säure der Zitrone geschmacklich alles zusammen. Supersimpel mit Zeug zum Lieblingsgericht.

ZUTATEN FÜR 2

100 g grüne Linsen (z.B. Puy- oder Alblinsen) mit nicht zu langer Garzeit

250 g Zwiebeln

ca. 6 EL Olivenöl nativ extra

Salz

100 g Linguine oder andere Bandnudeln

1 Knoblauchzehe

½ Bund glatte Petersilie

½ TL gemahlener Koriander

schwarzer Pfeffer aus der Mühle

Chiliflocken (z.B. Pul Biber)

2 EL frisch gepresster Zitronensaft

1. Linsen in einem Sieb waschen. In ca. 2 l Salzwasser aufkochen und in 10–15 Minuten zugedeckt bissfest garen (hängt von Art und Alter der Linsen ab).

2. Währenddessen Zwiebeln schälen, halbieren, längs in Streifen schneiden. 3 EL Olivenöl in einer Pfanne erhitzen, Zwiebeln darin anschwitzen, leicht salzen und auf kleinster Flamme in ca. 15 Minuten langsam weich und braun karamellisieren. Häufig umrühren.

3. Sobald die Linsen bissfest sind, Kochwasser auf Salzgehalt überprüfen, Nudeln über dem Topf in der Hälfte auseinanderbrechen, zu den Linsen geben, al dente kochen.

4. Knoblauch schälen und fein hacken. Petersilie waschen, trockenschütteln, grob abzupfen, Blätter mitsamt zarter Stängel grob schneiden.

5. Knoblauch zu den geschmorten Zwiebeln geben, mit Koriander würzen.

6. Linsen und Nudeln abseihen, sofort mit dem Großteil der Zwiebeln, Petersilie und 2–3 EL Olivenöl mischen, mit Salz, Pfeffer und Chiliflocken kräftig-pikant abschmecken.

7. Anrichten, mit den restlichen Zwiebeln bestreuen und großzügig mit Zitronensaft beträufeln.

VARIANTEN

Statt Petersilie Koriandergrün verwenden.

Die Zwiebeln zusätzlich mit gemahlenem Kreuzkümmel und 1 Prise Piment würzen.

Spaghetti mit Tomatensauce, Sesam und Minze

Nistisimo spageti

In ihrem Kochbuch „Vefa's Kitchen" beschreibt die Grande Dame der griechischen Küche Vefa Alexiadou viele rein pflanzliche Gerichte, die traditionell zu den Fasttagen zubereitet werden. Darunter auch diese Spaghetti.

ZUTATEN FÜR 2

50 g Zwiebel

½ TL getrocknete oder 4–5 Zweige frische grüner Minze (Nana- oder marokkanische Minze, keine Pfefferminze)

2 EL Walnusskerne

1 EL Sesam (heller geschälter, schwarzer oder gemischter)

Salz

200 g Spaghetti

1 EL Olivenöl nativ extra + Öl zum Beträufeln

1 gehäufter EL Tahin (Sesampaste)

200 g stückige Tomaten/Polpa

1 TL Tomatenmark

1 TL Balsamico

3 Pimentkörner

1 kleines (möglichst frisches) Lorbeerblatt

1 Msp. gemahlener Ceylon-Zimt

schwarzer Pfeffer aus der Mühle

evtl. einige Kalamata-Oliven in Öl

1. Zwiebel schälen, halbieren und fein würfeln. Minze ggf. waschen, trockentupfen, Minzblättchen zupfen, einige kleine zur Seite stellen. Restliche Minze in feine Streifen schneiden.

2. Walnusskerne grob hacken. Mit dem Sesam in einer großen Pfanne ohne Fett bei mittlerer Hitze wenige Minuten unter häufigem Rütteln rösten, bis sie zart duften und ganz leicht bräunen. Auf einen kleinen Teller zum Abkühlen geben.

3. Während die Nüsse rösten, einen Topf mit Salzwasser aufstellen. Die Spaghetti darin al dente garen.

4. In der Pfanne Öl und Tahin gemeinsam erhitzen, Zwiebel darin auf mittlerer Hitze unter häufigem Rühren 2–3 Minuten glasig-weich anschwitzen. Tomaten, Tomatenmark, Balsamico, Pimentkörner, zerbrochenes Lorbeerblatt, Minze und Zimt dazugeben. Mit Salz und Pfeffer würzen. Aufkochen und auf kleiner Flamme ca. 10 Minuten offen köcheln lassen. Zwischendurch mit 1 Tasse (ca. 100–150 ml) Nudelwasser ergänzen, die Sauce soll dickcremig, aber nicht zu trocken sein. Lorbeer und Piment entfernen. Mit Salz abschmecken.

5. Spaghetti abseihen (dabei etwas Kochwasser auffangen) und in die Sauce geben, evtl. noch etwas vom Kochwasser dazu, 30 Sekunden durchschwenken, damit sich die Sauce gut mit der Pasta verbindet.

6. Pasta auf Tellern anrichten, mit gerösteten Walnüssen und Sesam, ggf. den zur Seite gelegten Minzblättchen und evtl. Oliven bestreuen, 1 Faden Olivenöl darübergeben. Sofort essen.

Spaghetti mit Knoblauch, Öl und Chili

Spaghetti aglio, olio e peperoncino

Es kommt aus Neapel und Rom und ist wahrscheinlich das einfachste und schnellste Pasta-Rezept überhaupt. Am besten schmeckt es mit frischem Knoblauch im Sommer.

ZUTATEN FÜR 2

Salz

250 g bestmögliche Spaghetti

1 möglichst frische, feste Knoblauchzehe

1 kleine scharfe rote Chilischote, frisch oder getrocknet, oder Chiliflocken

20 g glatte Petersilie (ca. 1 kleiner Bund)

4–5 EL bestes, aber nicht allzu scharfes Olivenöl nativ extra (idealerweise aus Süditalien)

1. Einen großen Topf Salzwasser zum Kochen bringen. Das Wasser muss gut salzig sein. Spaghetti darin nach Packungsanweisung al dente (lieber 1 Minute kürzer, keinesfalls zu lang!) kochen.

2. Knoblauch schälen, ggf. Keim entfernen, Knoblauch sehr fein hacken. Chili ohne Strunk fein würfeln oder zerbröseln. Petersilie waschen, trockenschleudern, inkl. zarter Stängel fein hacken.

3. In einer weiten beschichteten Pfanne oder Sauteuse/Stielkasserolle Olivenöl auf mittlerer Hitze erhitzen. Knoblauch darin 1 Minute hell anschwitzen (er darf nicht bräunen). Chili nach Geschmack dazugeben. Petersilie einrühren.

4. Spaghetti direkt aus dem Nudelwasser tropfnass in das heiße Öl geben (das geht am besten mit einem Spaghettiheber), ausgiebig wenden, bis die Nudeln gut vom Öl überzogen sind.

5. Sofort in tiefen Tellern anrichten und heiß essen.

VARIANTEN

Statt Chili großzügig frisch gemahlenen schwarzen Pfeffer verwenden.

Linguine sind auch erlaubt, andere Pastaformen nicht.

Für eine saftig-fruchtige Variante ein paar EL beste stückige Tomaten/Polpa zum heißen Knoblauchöl geben und kurz miterwärmen.

Linsensauce

Grüne oder schwarze kleine Linsen brauchen nicht eingeweicht zu werden und behalten ihren Biss. Wie alle Linsen sättigen sie gut.

1. Linsen in einem Sieb waschen. In ca. 750 ml bis 1 l leicht gesalzenem Wasser aufkochen, ca. 15–25 Minuten zugedeckt bissfest kochen (die Linsen sollen gar und tendenziell eher weich sein, aber nicht komplett zerfallen). Abseihen.

2. Während die Linsen kochen, Zwiebel schälen, halbieren und fein würfeln. Knoblauch schälen und hacken. Wurzelwerk schälen und fein würfeln.

3. Zwiebel, Knoblauch und Wurzelwerk in einem Topf in Öl anschwitzen. Abgetropfte Linsen dazugeben, kurz mitschwitzen. Mit Salz, Pfeffer und Essig würzen. Mit Gemüsebrühe aufgießen. Ca. 1–2 Minuten köcheln lassen.

4. Estragonblättchen von den Stängeln streifen und hacken (ca. 1 EL). Linsensauce mit Zucker oder Apfeldicksaft und Estragon abschmecken. Mit Schwarzbrot servieren.

ZUTATEN FÜR 4

300 g Berglinsen, grüne Linsen (z.B. Puy-) oder Belugalinsen mit nicht zu langer Garzeit

Salz

1 rote Zwiebel

1 Knoblauchzehe

ca. 150 g Wurzelwerk (nach Verfügbarkeit: Karotte, Knollensellerie, Petersilienwurzel, gelbe Rübe, Pastinake)

4 EL neutrales Pflanzenöl (z.B. Rapsöl oder Sonnenblumenöl)

schwarzer Pfeffer aus der Mühle

1 Spritzer Rotweinessig

ca. 500 ml Gemüsebrühe (S. 26)

1 TL Zucker oder Apfeldicksaft

1 Zweig französischer Estragon

frisches, gutes Schwarzbrot, am besten aus dem Holzofen (Roggensauerteig- oder Mischbrot)

TIPP

Für eine sämigere Linsensauce vor dem Beifügen des Estragons einen Teil der Linsen mit dem Mixstab pürieren.

VARIANTE

Mit gekochten Kartoffeln oder cremiger (S. 107) oder knuspriger Polenta statt Schwarzbrot servieren.

Linsenreis mit Röstzwiebeln

Mujaddara

Dieses uralte, höchst verführerische Rezept kommt ursprünglich aus dem Irak, ist heute aber ein Klassiker unter anderem in Syrien und im Libanon. Es dauert etwas länger als eine halbe Stunde, lohnt sich aber.

ZUTATEN FÜR 4

FÜR DEN LINSENREIS

200 g grüne Linsen (z.B. Puy-, Alb-, Berg-, Delikatess-) mit nicht zu langer Garzeit

250 g Zwiebeln

4 EL Olivenöl nativ extra

1 TL Zucker

200 g Basmatireis

1,5 TL gemahlener Koriander

1 TL gemahlener Kreuzkümmel

1 TL gemahlener Ceylon-Zimt

Salz

schwarzer Pfeffer aus der Mühle

evtl. Salzflocken

FÜR DIE RÖSTZWIEBELN

250 g Zwiebeln

ca. 500 ml neutrales Pflanzenöl oder einfaches Olivenöl zum Frittieren

Salz

TIPPS

Hält 1-2 Tage im Kühlschrank.

Je nach Saison passt fein gehobelter Kohlsalat (s. Bild) mit wenig Knoblauch oder Tomatensalat mit Zwiebeln, in beiden Fällen mit Zitronensaft, Olivenöl und getrockneter grüner Minze, dazu.

1. Linsen in einem Sieb waschen, in ca. 500 ml Wasser ohne Salz aufkochen und zugedeckt 10–12 Minuten bissfest vorkochen.

2. Währenddessen Zwiebeln für den Linsenreis schälen, halbieren und feinwürfelig schneiden. In einer großen beschichteten Pfanne (mit Deckel) oder einem Topf Olivenöl erhitzen, Zwiebelwürfel darin mit Zucker auf mittlerer Hitze unter häufigem Rühren ca. 10–12 Minuten goldbraun, aber nicht zu dunkel rösten.

3. Reis in einer Schüssel mit der Hand mit kaltem Wasser mehrfach waschen, bis das Wasser klar ist. Abgießen, im Sieb zur Seite stellen.

4. Koriander, Kreuzkümmel und Zimt unter die Zwiebeln rühren. Reis zu den Zwiebeln geben. Kurz glasig rösten. Abgeseihte Linsen dazugeben, mit 500 ml Wasser aufgießen, ca. 2 gestrichene TL Salz dazugeben, mit Pfeffer würzen.

5. Aufkochen, auf kleiner Flamme zugedeckt 15–17 Minuten kochen. Platte ausschalten, 2–3 Lagen Küchenpapier (oder ein frisches Geschirrtuch) unter den Deckel klemmen, Linsenreis weitere 5–10 Minuten nachgaren.

6. Sobald der Linsenreis kocht, Zwiebeln für die Röstzwiebeln schälen, halbieren, längs in ca. 0,5 cm breite Streifen schneiden. Öl in einem Topf auf 160–170 °C erhitzen. Zwiebeln unter ständigem Rühren ca. 5 Minuten goldbraun frittieren. Herausheben, auf Küchenpapier gut abtropfen lassen und leicht salzen.

7. Linsenreis anrichten, reichlich Röstzwiebeln daraufgeben, nach Geschmack mit Salzflocken bestreuen.

Frühling

Spinatsalat mit Datteln und Mandeln

Hurmalı ıspanak salatası

Ein sehr aromatischer und vollmundiger Salat, den die knusprigen Fladenbrot-Croûtons perfekt ergänzen.

ZUTATEN FÜR 3-4

200 g Baby-Spinat oder zarter junger Spinat

½-1 rote Zwiebel

100 g Datteln

2-3 EL frisch gepresster Zitronensaft

75 g Mandelstifte

FÜR DIE FLADENBROT-CROÛTONS

ca. 150 g Fladenbrot oder anderes Weißbrot

2 EL Olivenöl nativ extra

1-2 TL Zatar (Gewürzmischung, s. Tipp)

Salz

1 Prise Chiliflocken (z.B. Pul Biber)

FÜR DAS DRESSING

1,5 EL frisch gepresster Zitronensaft

1 TL Pekmez (Sirup aus Traubensaft, alternativ Rüben-, Apfel-, Dattel- oder Ahornsirup)

Salz

schwarzer Pfeffer aus der Mühle

4-5 EL Olivenöl nativ extra

1. Spinat waschen und abtropfen lassen oder trockenschleudern. Zwiebel schälen, längs halbieren und in dünne Scheiben schneiden. Datteln entkernen und in kleine Stücke schneiden. Zwiebeln und Datteln mit Zitronensaft vermengen.

2. Mandeln in einer Pfanne bei mittlerer Hitze ohne Fett leicht rösten, bis sie zu duften beginnen und leicht bräunen.

3. Brot in kleine Stücke zerteilen oder schneiden, in einer Pfanne mit Olivenöl bei mittlerer Hitze 2–3 Minuten anrösten. Gewürze dazugeben, einmal schwenken, Croûtons auf Küchenkrepp abtropfen lassen.

4. Alle Zutaten bis auf das Dressing in einer Servierschüssel mischen.

5. Zitronensaft, Pekmez, Salz und Pfeffer verrühren, mit Olivenöl verquirlen. Dressing über den Salat geben, nochmal mischen und sofort servieren, damit der Salat noch frisch und knackig ist.

TIPP

Zatar gibt es fertig zu kaufen, ist aber ganz einfach selbst gemischt: 1 EL getrockneter Thymian, 1 EL getrockneter Oregano, 1 EL gerösteter Sesam, ¼-⅓ EL Sumach, 1-2 Prisen Schwarzkümmel (Nigella), etwas Salz.

VARIANTE

Dieser Salat schmeckt auch mit Baby-Mangold oder Feldsalat statt Spinat sehr gut.

Spinatsalat mit Avocado-Tofu-Dressing

Spinach Salad

Ein Salat, der mehrfach überrascht – und satt macht: Spinat und Champignons bleiben roh, Avocado und Tofu ergeben ein cremiges, reichhaltiges Dressing.

ZUTATEN FÜR 4

1 vollreife Avocado (am besten Hass-Avocado)
400 g Seidentofu
2 EL Olivenöl nativ extra
3 EL frisch gepresster Zitronensaft
2 EL Weißweinessig
75 ml Gemüsebrühe (S. 26, ersatzweise leicht gesalzenes Wasser)
Salz
schwarzer Pfeffer aus der Mühle
350 g Baby-Spinat oder zarter, junger Blattspinat
1 kleine rote Zwiebel
125 g frische, feste braune Champignons
4 Scheiben Weißbrot oder anderes Brot nach Wahl
ca. 5 EL neutrales Pflanzenöl zum Braten

1. Avocado längs rund um den Kern halbieren, durch Gegeneinanderdrehen der Hälften öffnen. Kern mit einem beherzten Schlag mit einer scharfen Messerklinge „greifen" und durch leichtes Drehen herauslösen. Fruchtfleisch aus der Schale lösen, klein schneiden und mit Tofu, Olivenöl, Zitronensaft, Essig und Gemüsebrühe im Standmixer (oder mit dem Mixstab) fein pürieren. Mit Salz und Pfeffer würzen.

2. Spinat putzen, waschen und trockenschleudern. Zwiebel schälen, halbieren und in sehr dünne Scheiben schneiden. Pilze putzen und in dünne Scheiben schneiden. Brot entrinden und in 1 cm große Würfel schneiden.

3. Öl in einer beschichteten Pfanne erhitzen, Brotwürfel bei niedriger bis mittlerer Hitze ca. 2 Minuten unter Rühren goldbraun braten, dabei mit etwas Salz und Pfeffer würzen. Croûtons mit einer Schaumkelle rasch aus dem Öl heben und auf Küchenpapier abtropfen lassen.

4. Spinat in einer Schüssel mit Zwiebeln, Pilzen und Croûtons anrichten und mit dem Avocado-Dressing servieren.

Ananas-Avocado-Salat

Ensalada de piña y aguacate

Die superaromatische Kombination aus Ananas und Avocado mit pikantem Dressing stammt aus dem Meisterwerk der lateinamerikanischen Küchen „Gran Cocina Latina“ von Maricel E. Presilla.

ZUTATEN FÜR 4

1 reife Ananas (ca. 1 kg)

2 Handvoll Brunnenkresse (ersatzweise 1 Beet Kresse oder 1–2 Handvoll Rucola)

50 g rote Zwiebel

2 reife Avocados (am besten Hass-Avocados)

50 g geröstete Erdnüsse in der Schale (2–3 EL ausgelöste Erdnüsse)

FÜR DAS DRESSING

2 Knoblauchzehen

4 EL frisch gepresster Limettensaft (von 2–3 Limetten)

4 EL frisch gepresster Orangensaft

ca. ¼ TL gemahlener Kreuzkümmel

1 gehäufter TL Salz

viel schwarzer Pfeffer aus der Mühle

ca. 100 ml (8 EL) fruchtiges, nicht zu scharfes Olivenöl nativ extra

1. Ananas schälen, dabei mittels Keilschnitt alle dunklen Augen entfernen. Frucht der Länge nach vierteln, Strunk herausschneiden. Jedes Viertel nochmals längs dritteln, in Stücke schneiden.

2. Brunnenkresse waschen, trockenschleudern, evtl. harte Stängel entfernen. Zwiebel schälen, halbieren, längs in Streifen schneiden.

3. Für das Dressing Knoblauch schälen, halbieren, Keim entfernen, Knoblauch sehr fein hacken. Alle Dressing-Zutaten außer Öl mit einem kleinen Schneebesen gut verrühren, mit Olivenöl verquirlen, salzig-kräftig abschmecken.

4. Ananas, Brunnenkresse und Zwiebel mit dem Dressing mischen. Auf einer großen Platte oder Tellern anrichten, etwas Dressing zurückbehalten.

5. Avocados längs rund um den Kern halbieren, durch Gegeneinanderdrehen der Hälften öffnen. Kerne mit einem beherzten Schlag mit einer scharfen Messerklinge „greifen“ und durch leichtes Drehen herauslösen. Schale abziehen. Fruchtfleisch grob schneiden, auf dem Salat verteilen.

6. Erdnüsse aus der Schale und von den rötlichen Häuten lösen, grob hacken. Salat mit restlichem Dressing beträufeln, mit Erdnüssen bestreuen.

TIPPS

Weißbrot passt gut dazu.

Eine reife Ananas soll aromatisch, aber nicht überreif duften.

Salat aus Favabohnen mit Minze

Ensalada con habas, menta y flores

Enthäutete grüne Kerne von Favabohnen schmecken nussig süß und sind außerordentlich zart. Mit edlem Sherryessig und bestem Olivenöl mariniert werden sie zum Frühlings-Highlight.

ZUTATEN FÜR 3-4

Salz

ca. 650 g Favabohnenkerne (ca. 1,5-2 kg frische Favabohnen mit Hülsen)

4 Zweige grüne Minze (Nana- oder marokkanische Minze, keine Pfefferminze) + Minze zum Garnieren

2 Schalotten

1 Knoblauchzehe

2 EL Sherryessig reserva (alternativ guter Rotweinessig)

schwarzer Pfeffer aus der Mühle

5-6 EL mildes Olivenöl nativ extra (bevorzugt spanisches)

evtl. 1 Handvoll essbare Blüten (z.B. Kapuzinerkresse, Stiefmütterchen, Gänseblümchen, Borretsch, Rucola etc.)

1. Salzwasser in einem Topf zum Kochen bringen, eine Schüssel mit Eiswasser bereitstellen.

2. Favabohnen enthülsen. Je nach Größe Bohnenkerne in 2–3 Gruppen aufteilen. Die großen Kerne 5 Minuten im kochenden Salzwasser blanchieren, die mittleren 3 Minuten und die kleinsten 1–2 Minuten. Mit einem Schaumlöffel herausnehmen und sofort in Eiswasser legen. Abtropfen lassen, die grasgrünen Kerne aus den Häuten schnipsen. Dafür entlang der „Naht" mit dem Daumennagel oder mit einem Tourniermesser einritzen.

3. Minzblättchen zupfen und in sehr feine Streifen schneiden. Schalotten und Knoblauch schälen. Schalotten halbieren, beim Knoblauch ggf. Keim entfernen, Knoblauch fein hacken. Minze, Schalotten und Knoblauch mit den Bohnen in einer Schüssel vermischen.

4. Für die Vinaigrette Sherryessig, Salz, Pfeffer und Olivenöl kräftig verrühren, bis eine Emulsion entsteht. Salat mit der Vinaigrette beträufeln und gut vermischen.

5. Auf Teller verteilen. Mit Minze, frisch gemahlenem schwarzem Pfeffer und evtl. Blütenblättern garnieren.

TIPP

Mit frischem Weißbrot servieren.

Kühler Seidentofu mit Zitrussauce

Hiyayakko

An diesem einfachen, sehr erfrischenden Gericht zeigt sich die Meisterschaft der japanischen Küche: glatter Seidentofu, knackige Frühlingszwiebeln, duftender Ingwer und Zitrus – und die würzig-säuerliche Sauce.

ZUTATEN FÜR 2 ALS HAUPT- ODER 4 ALS VORSPEISE

2 kleine Frühlingszwiebeln

1 kleines Stück (ca. 10–15 g) frischer Ingwer

wenn verfügbar grüne oder rote Shisoblätter (Perilla)

400 g Seidentofu

feine Zesten von ¼ Orange

feine Zesten von ¼ Zitrone

FÜR DIE SAUCE

4 EL helle japanische Sojasauce bester Qualität

2 EL Mirin (süßer japanischer Reiswein zum Kochen)

2 EL heller japanischer Reisessig

1 EL frisch gepresster Orangensaft

1 EL frisch gepresster Zitronensaft

1. Für die Sauce Sojasauce, Mirin und Reisessig in einem kleinen Topf aufkochen, vom Herd ziehen, Orangen- und Zitronensaft einrühren, durch ein feines Sieb in eine Schüssel oder einen kleinen Krug seihen, abkühlen lassen.

2. Frühlingszwiebeln waschen, in feine Ringe schneiden, in kaltes Wasser legen. Das mildert den Geschmack. Braune Haut vom Ingwer mit einem Kaffeelöffel abschaben, Ingwer reiben (ca. 1 TL). Evtl. Shisoblätter waschen, trockentupfen, in Streifen schneiden.

3. Tofu erst jetzt aus dem Kühlschrank nehmen, mit einem scharfen Messer vom Rand lösen, auf Küchenpapier stürzen, rundherum vorsichtig trockentupfen.

4. In sehr dicke Scheiben oder große Würfel schneiden und auf Tellern oder in Schalen anrichten. Frühlingszwiebeln abseihen, auf Küchenpapier abtropfen lassen.

5. Tofu mit Frühlingszwiebeln, Ingwer, Zitruszesten und evtl. Shisoblättern bestreuen. Nach Belieben mit eher weniger als zu viel von der Zitrussauce beträufeln.

VARIANTEN

Zitrusfrüchte variieren oder die Zesten ganz weglassen. In Japan würde man Yuzu-Rinde und -saft verwenden, doch diese mandarinenähnliche Zitrusfrucht ist in Europa bisher nur selten im späten Herbst erhältlich.

Erbsensuppe mit Minze

Sopa de guisantes con menta

Wie gut sich aromatische Minze und frische, süße Erbsen vertragen, lässt sich an dieser Suppe feststellen.

ZUTATEN FÜR 4

400 g frische Erbsen (ca. 1,2 kg Erbsenschoten)

1 kleine weiße Zwiebel (ca. 120 g)

2 EL mildes Olivenöl nativ extra + Öl zum Beträufeln

750 ml Gemüsebrühe (S. 26)

Salz

schwarzer Pfeffer aus der Mühle

2–3 Zweige grüne Minze (Nana- oder marokkanische Minze, keine Pfefferminze) + Minze zum Garnieren

1. Erbsen aus den Schoten lösen. Zwiebel schälen, halbieren und sehr fein schneiden.

2. Olivenöl in einem Topf erhitzen. Zwiebel im heißen Öl bei schwacher Hitze 3–4 Minuten glasig-weich anschwitzen. Erbsen bis auf ein paar zum Anrichten zugeben und 2–3 Minuten mitschwitzen.

3. Mit Gemüsebrühe auffüllen und bei schwacher Hitze 5–6 Minuten zugedeckt köcheln. Mit Salz und Pfeffer abschmecken.

4. Minzblättchen zupfen, in sehr feine Streifen schneiden und 1 Minute in der Erbsensuppe mitziehen lassen. Die Suppe nach Wunsch pürieren.

5. Zur Seite gelegte Erbsen in die Suppe geben, Suppe mit Olivenöl beträufeln und mit Minzblättchen garniert servieren.

TIPPS

TK-Erbsen statt frischer verwenden.

Dazu schmeckt frisches Weißbrot.

VARIANTEN

Gut schmeckt die Erbsensuppe auch mit 2–3 Stangen grünem Spargel garniert, die zuvor in mundgerechte Stücke geschnitten und 4–5 Minuten gebraten werden.

Wer aus der Erbsensuppe eine Hauptmahlzeit machen möchte, gibt 60 g (Rohgewicht) in schwach gesalzenem Wasser gekochte kurze Fadennudeln in die Suppe.

Avocado-Toast

Avocado toast

Avocado-Toast wird in Kalifornien seit Ende des 19. Jahrhunderts gegessen, lange vor Instagram. Richtig populär hat ihn in den 90er-Jahren des letzten Jahrhunderts der Australier Bill Granger in Sydney gemacht.

ZUTATEN FÜR 2 TOASTS

2 nicht zu dünne Scheiben Weizensauerteigbrot oder anderes Weißbrot mit Charakter, z.B. gutes Sauerteig-Ciabatta oder französisches Landbrot

ca. 2 EL bestes Olivenöl nativ extra, gern frisch und grasig

½ große feste Zitrone

Salz + Salzflocken zum Bestreuen

einige Halme Schnittlauch

1 große reife Avocado (am besten Hass-Avocado)

1 Msp. geräuchertes Chilipulver (am besten Chipotle-Chilipulver)

1. Brotscheiben über einer beschichteten Pfanne beidseitig mit gut 1 EL Olivenöl einpinseln, bei mittlerer Hitze auf beiden Seiten knusprig-goldbraun braten.

2. Währenddessen ca. 1 EL Zitronensaft auspressen, leicht salzen und mit 1 EL Olivenöl verquirlen. Schnittlauch waschen, trockentupfen, in feine Röllchen schneiden.

3. Avocado längs rund um den Kern halbieren, durch Gegeneinanderdrehen der Hälften öffnen. Kern mit einem beherzten Schlag mit einer scharfen Messerklinge „greifen“ und durch leichtes Drehen herauslösen. Schale abziehen. Avocadohälften quer in möglichst dünne Scheiben schneiden, auf dem Brett wie zu einem Fächer flachdrücken.

4. Auf jede noch lauwarme Brotscheibe 1 gefächerte Avocadohälfte legen, mit je 1 EL Zitronen-Öl-Mischung bepinseln, mit Schnittlauchröllchen, Chipotle und Salzflocken bestreuen. Zum Schluss von der Zitrone etwas Schale über die Avocado reiben und den Toast sofort servieren.

TIPPS

Schmeckt auch mit frischem, saftigem Roggenkastenbrot.

Falls kein Chipotle zur Hand ist, passt auch ungeräuchertes Chilipulver.

Spargel mit Kerbelvinaigrette

Die Saison für frischen, heimischen Spargel dauert von Mitte April bis Mitte Juni. Zu Beginn und ganz frisch schmeckt er am besten: knackig, aromatisch, leicht süßlich.

ZUTATEN FÜR 2-3

8-10 kleine Frühkartoffeln (Menge nach Größe und Geschmack)

Salz

1 kg weißer Spargel

Salzflocken zum Bestreuen

FÜR DIE VINAIGRETTE

1 kleiner Bund Kerbel (alternativ ½ Bund Petersilie)

wenn verfügbar 2-3 Zweige französischer Estragon

1 EL Estragonessig

1 Spritzer frisch gepresster Zitronensaft

1 schwacher TL Dijonsenf

schwarzer Pfeffer aus der Mühle

Salz

4-5 EL mild-fruchtiges Olivenöl nativ extra (alternativ Sonnenblumen- oder Rapsöl)

1-2 TL Walnussöl

Zucker nach Bedarf

1. Kartoffeln ungeschält in Salzwasser weich kochen, abgießen, mit Küchenpapier unter dem Deckel bis kurz vor dem Essen ausdampfen lassen.

2. Spargel mit einem Sparschäler von knapp unter der Spitze weg gründlich schälen. Enden 0,5 cm oder mehr abschneiden. Die Schnittstelle muss saftig und darf nicht holzig sein.

3. Für die Vinaigrette Kräuter waschen, sehr gründlich trockenschleudern bzw. -tupfen, Blätter abzupfen, nicht zu fein schneiden. Essig, Zitronensaft, Senf, Pfeffer und Salz mit einem kleinen Schneebesen verrühren, Kräuter einrühren, gründlich mit den Ölen verquirlen.

4. In einem flachen, weiten Topf ca. 1 l Salzwasser zum Kochen bringen. Spargel einlegen, ca. 4–5 Minuten sehr bissfest kochen. Spargel aus dem Wasser heben, auf einem Teller mit Küchenpapier kurz abtropfen lassen.

5. Vinaigrette mit 1–2 EL Spargelfond verschlagen, pikant abschmecken (falls der Senf beißend scharf sein sollte, mit Zucker zähmen). Noch heißen Spargel in einer flachen Schale oder Auflaufform behutsam, am besten mit den Händen, mit der Vinaigrette mischen. 5 Minuten ziehen lassen, währenddessen die Kartoffeln schälen. Spargel nochmals in der Vinaigrette wenden.

6. Lauwarmen Spargel mit heißen Kartoffeln anrichten, mit restlicher Vinaigrette beträufeln, nach Geschmack pfeffern. Mit wenig Salz bestreuen.

TIPP

Zum Mitnehmen Spargel nach dem Garen in kleinere Stücke schneiden und Weißbrot dazu servieren.

Grüner Spargel aus dem Ofen mit Minz-Mayonnaise

Oven Roasted Asparagus with Mint Mayonnaise

Durch das Garen im sehr heißen Ofen erhält der grüne Spargel eine wunderbare Tiefe und Komplexität. Vielleicht ist er auch deshalb in Amerika populärer als der weiße.

ZUTATEN FÜR 3-4

1 Zweig grüne Minze (Nana- oder marokkanische Minze, keine Pfefferminze)

125 g rein pflanzliche Mayonnaise (gekauft oder S. 27)

4 Knoblauchzehen

1 kg grüner Spargel

1 Zitrone

2 EL Olivenöl nativ extra

Salz

schwarzer Pfeffer aus der Mühle

1. Ofen auf 210 °C Ober-/Unterhitze vorheizen, ein Backblech hineingeben und 5 Minuten heiß werden lassen.
2. Minze waschen, trockentupfen, Blätter abzupfen und fein hacken. Mit der Mayonnaise mischen, kalt stellen.
3. Knoblauch schälen und in Scheiben schneiden. Die holzigen Enden vom Spargel abschneiden und ggf. das untere Ende schälen. Zitrone waschen, in Scheiben schneiden.
4. Olivenöl auf das heiße Blech geben, Spargel und Knoblauch in einer Schicht darauf verteilen. Mit Salz und Pfeffer würzen. Zitronenscheiben dazulegen.
5. 10–12 Minuten im heißen Ofen braten, bis der Spargel stellenweise leicht gebräunt ist, dabei gelegentlich wenden.
6. Spargel mit der Mayonnaise servieren.

TIPP

Frisches Weißbrot (z.B. Weizensauerteigbrot) passt gut dazu.

Lange Fussili mit Mönchsbart

Fusilli lunghi alla barba di frate

Zum Glück findet man dieses fast schon exotische Gewächs immer öfter auch bei uns. Das Gemüse wickelt sich beim Vermengen um die Fusilli und erobert optisch wie geschmacklich geschickt kulinarische Herzen.

ZUTATEN FÜR 4

8 getrocknete Tomaten (oder in Öl eingelegte)

400 g lange Fusilli (ersatzweise Spaghetti)

400 g Mönchsbart (Barba di frate)

1 Knoblauchzehe

ca. 100 ml (8 EL) Olivenöl nativ extra

Salz

schwarzer Pfeffer aus der Mühle

2 EL Kapern (in Lake)

Olivenöl nativ extra

1. Getrocknete Tomaten 15 Minuten in warmem Wasser einweichen (in Öl eingelegte gut abtropfen). Abgießen und je nach Größe halbieren oder vierteln.
2. Fusilli in siedendem Salzwasser bissfest kochen.
3. Hellen Wurzelansatz vom Mönchsbart bis zum grünen Blattansatz hoch abschneiden, Mönchsbart gut abbrausen und abtropfen. Knoblauch schälen und in feine Scheiben schneiden.
4. In einer großen Schwenkpfanne Olivenöl erhitzen und bei milder Hitze mit Knoblauch und Tomatenstücken 5 Minuten aromatisieren. 2 Minuten bevor die Pasta gar ist, Mönchsbart dazugeben und gut durchschwenken, behutsam salzen (die Kapern sind salzig!), pfeffern.
5. Pasta tropfnass vom Topf in die Pfanne heben, Kapern gut abtropfen, dazugeben, Hitze erhöhen und dabei während 1 knappen Minute alles schön miteinander vermengen.
6. In tiefen Tellern anrichten und nach Belieben mit weiterem Olivenöl beträufeln.

TIPP

Anstelle von Knoblauch ½ Tropeazwiebel verwenden.

Kalter Sesamspinat

Horenso no goma-ae

Sehr simpel und sehr aromatisch. Wer frischen Spinat (den großblättrigen Wurzelspinat mit Stielen, nicht den vergleichsweise langweiligen Baby-Spinat) und Sesam liebt, wird auch diesen japanischen Klassiker lieben.

ZUTATEN FÜR 4 ALS VOR- ODER 2 MIT REIS ALS HAUPTSPEISE

evtl. Sushireis
Salz
500 g Blattspinat (Wurzelspinat)
4 gehäufte EL Sesam (heller geschälter, schwarzer oder gemischter)
1 TL Zucker
1 EL Mirin (süßer japanischer Reiswein zum Kochen)
2 EL helle japanische Sojasauce

1. Falls gewünscht, Sushireis zubereiten (S. 23).

2. In einem großen Kochtopf Salzwasser zum Kochen bringen. Spinat putzen, Wurzeln/Enden nach Geschmack knapp entfernen (traditionell bleiben sie dran). Spinat mehrmals gründlich in stehendem Wasser waschen. Spinat im kochenden Salzwasser ca. 30–90 Sekunden blanchieren, bis die Stiele gerade weich zu werden beginnen und er sich dunkler färbt. Sofort in ein Sieb in der Spüle abseihen und mit sehr kaltem Wasser kurz abspülen, um den Garprozess zu stoppen, abtropfen lassen.

3. Sesam in einer Pfanne bei mittlerer Hitze ca. 3–4 Minuten unter häufigem Rütteln hellbraun rösten (nicht dunkler!), sofort in einen großen, schweren Mörser geben und zu einer Paste mörsern (alternativ in einem leistungsfähigen Universalzerkleinerer mixen). Zucker einmörsern. Mirin und Sojasauce einrühren und falls nötig mit Salz abschmecken. Die Sauce soll dickflüssig und süß-würzig sein.

4. Spinat gründlich ausdrücken. In 4–5 cm lange Stücke schneiden. In einer flachen Schüssel mit der Sesamsauce mischen, das geht am besten mit der Hand. Evtl. mit gegartem Sushireis servieren.

Spinatreis

Spanakorizo

Risotto auf Griechisch. Ein simpler, leichter, saftiger Klassiker mit weniger Reis, dafür sehr viel Spinat, Dill und frischer Zitrone. Willkommen, Frühling!

ZUTATEN FÜR 2

400 g Blattspinat (Wurzelspinat)

150 g Zwiebeln

20 g Dill (ca. 1 Bund)

ca. 4 EL Olivenöl nativ extra

120 g Carnaroli-Reis (Risottoreissorte, alternativ Arborio-Reis)

50 ml trockener Weißwein

Salz

1 Zitrone

schwarzer Pfeffer aus der Mühle

1. Spinat putzen, in stehendem Wasser mehrfach gründlich waschen, abtropfen lassen und grob hacken. Zwiebeln schälen, halbieren und fein schneiden. Dill waschen, trockenschütteln, abzupfen, einige Spitzen zur Seite stellen, Rest fein hacken.

2. In einer Sauteuse/Stielkasserolle oder einem Topf 2 EL Olivenöl auf mittlerer bis hoher Hitze erhitzen. Zwiebeln darin unter häufigem Rühren glasig anschwitzen. Reis dazugeben, kurz mitschwitzen. Mit Wein ablöschen. Fast komplett einreduzieren lassen. Gehackten Spinat dazugeben, zusammenfallen lassen.

3. Ca. 250 ml Wasser angießen, salzen und auf kleiner Flamme offen ca. 15 Minuten (je nach Reissorte) al dente garen. Dabei ab und zu umrühren. Der Reis soll gar sein, aber noch nicht zerfallen.

4. Dill einrühren. Mit feinen Zesten von ½ Zitrone sowie 1–1,5 EL Zitronensaft, 1–2 EL Olivenöl und schwarzem Pfeffer würzen, frisch-zitronig abschmecken.

5. Spinatreis auf tiefe Teller verteilen, evtl. noch mit Olivenöl beträufeln und ein paar Zitronenzesten darüberreiben. Die Dillspitzen daraufstreuen. Mit zusätzlichen Zitronenschnitzen servieren und mit dem Löffel essen.

TIPP

Schwarze Kalamata-Oliven in Öl passen gut dazu.

VARIANTEN

Gibt's auch in einer roten Variante mit zusätzlich entweder Tomatenmark oder stückigen Tomaten/Polpa und dann weniger Wasser.

Oft werden zusätzlich 1-2 klein geschnittene Frühlingszwiebeln mit angeschwitzt, dann etwas weniger Zwiebel verwenden.

Wird auch gern mit anderen Gemüsen als Lauchreis (Prasorizo), Tomatenreis (Ntomatorizo) oder Kohlreis (Lachanorizo) zubereitet.

Erbsen mit Römersalatherzen

Guisantes con corazones de lechuga

Salatherzen schmecken aromatisch, süßlich und einen Hauch bitter. Mit zarten, süßen Erbsen ergeben sie ein delikates Frühlingsgericht.

ZUTATEN FÜR 3-4

2 Schalotten

4 kleine Salatherzen, am besten Römersalat

2-3 EL mildes Olivenöl nativ extra (bevorzugt spanisches)

400 g frische Erbsen (ca. 1,2 kg Erbsenschoten)

1 EL frisch gepresster Zitronensaft

½ TL getrockneter Majoran

Salz

1 Zweig grüne Minze (Nana- oder marokkanische Minze, keine Pfefferminze)

1. Schalotten schälen und in 2 mm dünne Scheiben schneiden. Salatherzen putzen und je nach Größe der Länge nach vierteln oder halbieren.

2. Olivenöl in einem breiten Topf erhitzen. Schalottenringe im heißen Öl bei schwacher Hitze unter Rühren 4–5 Minuten glasig anschwitzen. Salatherzen möglichst nebeneinander in den Topf legen. Zugedeckt ca. 4–5 Minuten schmoren. Dabei den Topf ab und zu rütteln.

3. Währenddessen Erbsen aus den Schoten lösen.

4. Erbsen, Zitronensaft und Majoran zu den Salatherzen geben. Ganz leicht salzen. Zugedeckt weitere 5–8 Minuten bei schwacher bis mittlerer Hitze schmoren, bis die Salatherzen weich sind.

5. Ein paar Minzblättchen zupfen und in feinste Streifen schneiden, über das Gemüse streuen.

TIPPS

Dazu passt knuspriges Weißbrot.

TK-Erbsen statt frischer verwenden.

Sommer

Bloody-Mary-Salat

Bloody Mary Salad

Bloody-Mary-Cocktails kennt man. Einen namensgleichen Salat bisher eher nicht. Dieser hier enthält alle Zutaten des Cocktails, bis auf Wodka, und kann daher zweifellos öfter genossen werden.

ZUTATEN FÜR 3-4

600 g reife bunte Tomaten (am besten alte Sorten/Raritäten)

100 g rote Zwiebeln

75 g Stangensellerie (hellere Teile aus der Mitte)

75 g entkernte grüne Oliven in Lake

3 Zweige glatte Petersilie

½ Bund Schnittlauch

2 EL Weißweinessig

1 TL scharfer Senf (z.B. Dijonsenf)

½ TL Selleriesalz (s. Tipps)

1 TL Zucker

schwarzer Pfeffer aus der Mühle

125 ml Olivenöl nativ extra

1. Tomaten putzen, halbieren, Strunk entfernen und Tomaten je nach Größe klein schneiden. Zwiebeln schälen und in Streifen schneiden. Stangensellerie putzen und schräg in dünne Scheiben schneiden. Oliven abtropfen lassen, 1 EL Lake auffangen. Oliven hacken. Petersilie waschen, trockenschütteln und inkl. zarter Stängel hacken. Schnittlauch fein schneiden.

2. Essig, Olivenlake, Senf, Selleriesalz, Zucker und Pfeffer verrühren. Olivenöl langsam unterschlagen.

3. Alle Zutaten in einer großen Schüssel mischen und sofort servieren.

TIPPS

Dazu passt geröstetes Weizensauerteigbrot.

Selleriesalz ist im gut sortierten Supermarkt/Bioladen zu finden, es besteht aus Salz und Selleriesaat. Schmeckt auch super zu Maiskolben und gibt Gemüsebrühe einen besonderen Kick.

Fattusch

Fattoush

Sauer, knusprig und knackig schmeckt dieser Salat – ideal für heiße Sommertage. Das dünne arabische Fladenbrot ist dafür unerlässlich.

ZUTATEN FÜR 4

2 arabische Fladenbrote (groß und dünn, hell oder Vollkorn, in arabischen/orientalischen Lebensmittelgeschäften)

1–2 EL Olivenöl nativ extra zum Beträufeln

1 kleiner Römersalat (oder 2–3 Römersalatherzen)

1 Handvoll Portulak (weglassen, falls nicht aufzutreiben)

1 Bund glatte Petersilie

1 Bund grüne Minze (Nana- oder marokkanische Minze, keine Pfefferminze)

1 kleiner Bund Radieschen

ca. 300 g reife Tomaten

1 grüner Spitzpaprika

2–3 Minigurken

1 Bund Frühlingszwiebeln

FÜR DAS DRESSING

1 Knoblauchzehe

ca. 1 TL Salz

2–3 EL frisch gepresster Zitronensaft

1–2 EL Sumach

3–4 EL Olivenöl nativ extra

1. Ofen auf 180 °C Umluft (200 °C Ober-/Unterhitze) vorheizen. Brote mit einem scharfen Messer in nicht zu kleine Rauten schneiden. Auf einem Blech mit Backpapier verteilen, mit Olivenöl beträufeln, rasch mit den Händen mischen, auf mittlerer Schiene ca. 5 Minuten knusprig braun rösten, dabei einmal wenden.

2. Römersalat in ca. 2 cm breite Streifen schneiden, waschen, trockenschleudern. Harte faserige Stängel vom Portulak entfernen, Petersilienblätter inkl. zarter Stängel und abgezupfte Minzblätter waschen und ebenfalls trockenschleudern. Salat und Kräuter in eine große Schüssel geben.

3. Radieschen, Tomaten, Gurken, Paprika und Frühlingszwiebeln waschen und putzen. Radieschen in feine Scheiben hobeln, Tomaten und Paprika vom Strunk befreien, entkernen und in kleine Stücke schneiden, Gurken samt Schale ebenso. Frühlingszwiebeln (Grün und Weiß) in Ringe schneiden. Alles zum Salat geben und grob mischen.

4. Für das Dressing Knoblauch schälen, halbieren, ggf. Keim entfernen. Knoblauch grob hacken, mit dem Messerrücken mit Salz zu einer Paste zerdrücken. In einer kleinen Schüssel mit einem kleinen Schneebesen mit Zitronensaft und Sumach verrühren, Olivenöl einrühren. Dressing sehr sauer und salzig abschmecken.

5. Salat behutsam mit dem Dressing mischen. Zuletzt knusprige Brotstücke unter den Salat heben, sofort servieren.

TIPPS

Hält 1 Tag im Kühlschrank. Das Brot wird dann weich und der Salat etwas milder.

Zum Mitnehmen kann man Brot und Salat getrennt verpacken und erst vor dem Essen mischen.

Panzanella

Panzanella

Klassische Panzanella wird mit eingeweichtem Brot gemacht. Der große Auftritt gilt hier einer knusprigen, knackigen und frischen Version.

ZUTATEN FÜR 4

400 g frisches Weißbrot (z.B. Sauerteig-Ciabatta)

1 rote Zwiebel

2 Paprika (gelb und grün)

1 knackige, wasserarme Salatgurke

10 Basilikumblätter + mehr zum Garnieren

ca. 6 EL Olivenöl nativ extra

ca. 2 EL Weißweinessig oder Balsamico

Salz

schwarzer Pfeffer aus der Mühle

ca. 200 g konfierte Kirschtomaten oder halbgetrocknete Tomaten in Olivenöl (Pomodori semisecchi)

1. Ofen auf 160 °C Ober-/Unterhitze vorheizen. Brot grob würfeln und auf einem Blech mit Backpapier ohne Fett ca. 10 Minuten leicht knusprig toasten.

2. Zwiebel schälen, halbieren und in schmale Scheiben schneiden. Paprika schneiden und in kleine Würfel schneiden. Gurke waschen, falls nötig schälen, der Länge nach vierteln, nach Bedarf das Kerngehäuse wegschneiden, Gurke in 5 mm dicke Stücke schneiden. 10 Basilikumblätter waschen, trockenschütteln, kleinzupfen.

3. Zwiebel, Paprika, Gurke und Basilikum in eine Salatschüssel geben, mit Olivenöl und Essig im Verhältnis 3:1 beträufeln, nach Geschmack großzügiger marinieren. Salzen, pfeffern und gut mischen.

4. Panzanella in Schalen oder hohen Gläsern anrichten. Dabei abwechselnd 1 Lage geröstete Brotwürfel, 1 Lage Salat, abgetropfte konfierte Tomaten usw. einschichten, bis alle Zutaten aufgebraucht sind. Mit Basilikum garnieren.

TIPP

Das Öl der eingelegten Tomaten kann auch verwendet werden, doch falls Tomaten im Glas verbleiben, müssen diese immer komplett mit Öl bedeckt sein.

VARIANTE

Klassisch: Brot einige Minuten in Wasser einweichen, ausdrücken, in kleine Stücke zupfen, dann mit allen Zutaten zu einem Salat mischen. Diese Version ist auch mitnehmtauglich.

Gerösteter Maissalat mit Avocado

Roasted Corn Salad with Avocado

Ein einfacher schneller Salat, der die Süße des Mais durch Braten optimal zum Ausdruck bringt. Reife Avocado passt perfekt dazu und macht ihn zu einer runden Mahlzeit.

ZUTATEN FÜR 2-3

2 große frische Maiskolben
1 Bund Frühlingszwiebeln
1 Knoblauchzehe
3 EL neutrales Pflanzenöl
2-3 EL Limettensaft (von 1-2 Limetten)
Salz
schwarzer Pfeffer aus der Mühle
1 reife Avocado (am besten Hass-Avocado)
½ Bund Koriander

1. Mais putzen, die Hüllblätter und alle feinen Härchen entfernen. Maiskörner mit einem scharfen Messer vom Kolben schneiden. Dabei darauf achten, dass nur wenig vom Kolben mit angeschnitten wird. Frühlingszwiebeln putzen und in feine Ringe schneiden. Knoblauch schälen und fein hacken.

2. Öl in einer großen beschichteten Pfanne erhitzen, Mais 3–4 Minuten bei hoher Hitze unter Rühren braten. Frühlingszwiebeln und Knoblauch dazugeben und 1 weitere Minute braten.

3. In eine Schüssel geben, mit Limettensaft, Salz und Pfeffer würzen und kurz marinieren.

4. Avocado längs rund um den Kern halbieren, durch Gegeneinanderdrehen der Hälften öffnen. Kern mit einem beherzten Schlag mit einer scharfen Messerklinge „greifen“ und durch leichtes Drehen herauslösen. Schale abziehen. Fruchtfleisch in Würfel schneiden. Vorsichtig unter den Mais heben.

5. Koriander zupfen und grob hacken, zum Maissalat geben.

TIPPS

Tortillas (aus Mais oder Weizen) passen gut dazu.

Wer's scharf mag, gibt Tabasco oder frische klein geschnittene Chili dazu.

Guacamole-Salat

Guacamole Salad

Guacamole wird leider oft aus unreifen Avocados zubereitet und dann auch noch langweilig gewürzt. Dieses Rezept bringt den Klassiker als Salat groß raus.

ZUTATEN FÜR 4

3 Zweige Koriander

3 EL Limettensaft (von 1-2 Limetten)

7 EL Olivenöl nativ extra

Salz

schwarzer Pfeffer aus der Mühle

Tabasco

750 g reife Tomaten

175 g rote Zwiebeln

2 reife Avocados (am besten Hass-Avocados)

125 g Baby-Spinat oder zarter, junger Blattspinat

1. Korianderblätter inkl. zarter Stängel abzupfen und grob hacken. Limettensaft, etwas Salz und Pfeffer und einige Spritzer Tabasco verrühren, mit Olivenöl verquirlen, Koriander einrühren und das Dressing zur Seite stellen.

2. Tomaten halbieren, Strunk entfernen und die Tomaten in nicht zu kleine Stücke schneiden. Zwiebeln schälen, halbieren und in sehr feine Scheiben schneiden.

3. Avocados längs rund um den Kern halbieren, durch Gegeneinanderdrehen der Hälften öffnen. Kerne mit einem beherzten Schlag mit einer scharfen Messerklinge „greifen" und durch leichtes Drehen herauslösen. Schale abziehen. Fruchtfleisch in Stücke schneiden, die so groß sind wie die Tomaten.

4. Tomaten, Zwiebel und Avocadostücke in eine Schüssel geben, salzen und pfeffern und mit der Hälfte der Limetten-Vinaigrette vorsichtig vermengen.

5. Spinat putzen, waschen und sehr gut trockenschleudern. Eine Schüssel mit dem Spinat auslegen und diesen mit der verbliebenen Vinaigrette beträufeln. Guacamole-Salat daraufgeben und sofort servieren.

VARIANTE

Durch die Tabascosauce verteilt sich die Schärfe gleichmäßig im Salat. Wenn gewünscht, kann man auch fein gehackte Chilis verwenden.

TIPP

Weizensauerteigbrot passt gut dazu.

Guacamole-Salat
Gerösteter Maissalat mit Avocado

Marinierter Pilzsalat mit roter Zwiebel

Marinierter Schwammerlsalat mit roter Zwiebel

Recht viel einfacher geht's nicht, vorausgesetzt die Pilze sind frisch und sauber.

ZUTATEN FÜR 2

1 rote Zwiebel

ca. 250 g gemischte Pilze (z.B. Steinpilze, braune Champignons, Kräuterseitlinge)

½ kleiner Bund Schnittlauch

einige Zweige glatte Petersilie oder Pimpinelle

2 EL neutrales Pflanzenöl (z.B. Rapsöl)

Salz

schwarzer Pfeffer aus der Mühle

3 EL Balsamico oder weißer Balsamico (Condimento bianco)

3 EL Walnussöl

2 Frühlingszwiebeln

1. Zwiebel schälen, halbieren und klein schneiden. Pilze putzen, in kleinere Stücke oder Scheiben schneiden. Schnittlauch in feine Röllchen schneiden (ca. 1 EL), Petersilie oder Pimpinelle waschen, trockenschütteln, abzupfen und den Großteil davon nicht zu fein hacken.

2. Pilze in Öl bei hoher Hitze kurz anbraten, Zwiebel kurz mitbraten.

3. Pilze und Zwiebeln in eine Schüssel geben, mit Salz, Pfeffer, Balsamico und gehackten Kräutern vermischen. Walnussöl dazugeben, durchmischen. Ca. 10 Minuten stehen lassen.

4. Frühlingszwiebeln putzen und inkl. Grün klein schneiden, Pilze anrichten, mit Frühlingszwiebeln und restlichen Kräutern bestreuen.

TIPP

Schwarzbrot (Roggensauerteig- oder Mischbrot, am besten aus dem Holzofen) passt gut dazu.

Lauwarmer Kohlrabisalat

Der Kohlrabi wird nicht gekocht, sondern gemeinsam mit allen anderen Zutaten nur kurz erwärmt. So bleibt er knackig und entfaltet trotzdem sein ganzes Aroma.

ZUTATEN FÜR 4

3 Kohlrabi
2 Frühlingszwiebeln
1 roter Spitzpaprika
1 Zweig frischer Oregano
2 EL Estragonessig
1 EL Gemüsebrühe (S. 26, ersatzweise Wasser)
Salz
schwarzer Pfeffer aus der Mühle
½ TL Zucker
2-3 EL Maiskeimöl (oder anderes mildes Pflanzenöl)

1. Kohlrabi großzügig schälen, mit einer groben Reibe (Rohkostreibe) reiben oder in feine Streifen schneiden.
2. Frühlingszwiebeln und Spitzpaprika putzen und klein schneiden.
3. Kohlrabi mit Frühlingszwiebeln und Paprika in einer Schüssel vermischen.
4. Oreganoblättchen von den Stängeln streifen (ein paar zarte Blättchen zur Seite stellen) und klein schneiden (ca. 1 TL).
5. Essig, Gemüsebrühe (oder Wasser), Salz, grob gemahlenen Pfeffer und Zucker dazugeben. Verrühren, bis sich Zucker und Salz aufgelöst haben. Öl und Oregano beifügen.
6. Alles zusammen in eine Pfanne geben und leicht erwärmen. Mit Oreganoblättchen garnieren und lauwarm servieren.

TIPP

Salz- oder Kümmelbrötchen passen gut dazu.

Tomatensuppe

Paradeissuppe

Zur Hochsaison am besten gleich die doppelte Menge machen, denn diese Tomatensuppe schmeckt kalt genauso gut (s. Variante).

1. Tomaten halbieren, Strunk entfernen, Tomaten ungeschält in kleine Stücke schneiden. Schalotten und Knoblauch schälen und klein schneiden.
2. In einem großen Topf Öl erhitzen, Schalotten und Knoblauch anschwitzen. Kräuter und zerbrochenes Lorbeerblatt dazugeben, Tomaten beifügen. Mit Tomatensaft und Brühe auffüllen. Mit Salz, Pfeffer und Zucker würzen, einmal aufkochen.
3. Ca. 8–10 Minuten bei kleiner Flamme zugedeckt köcheln lassen.
4. Durch ein feines Sieb passieren. Nochmals aufkochen und abschmecken.
5. Suppe mit Basilikum und kleinen Salbeiblättchen garnieren und servieren.

ZUTATEN FÜR 4

ca. 750 g reife Tomaten (z.B. Bulgarische Fleischtomaten, Ochsenherz, German Gold oder Valencia)

2 Schalotten

2 Knoblauchzehen

3 EL Rapsöl oder Olivenöl nativ extra

1 Zweig Basilikum + einige Blättchen zum Garnieren

1 Zweig Salbei + ein paar Blättchen zum Garnieren

1 Zweig Rosmarin

1 (möglichst frisches) Lorbeerblatt

250 ml Tomatensaft

500 ml Gemüsebrühe (S. 26)

Salz

weißer Pfeffer aus der Mühle

1 Prise Zucker

TIPPS

Weißbrot mit weicher Krume und knuspriger Kruste oder knusprig gebratene Polenta passt gut dazu.

Man kann die Suppe auch mit dem Mixstab fein pürieren und dann zusätzlich durch ein Sieb passieren.

VARIANTE

Tomatenkaltschale: Falls die Suppe kalt gegessen werden soll, zum Schluss mit 1 Spritzer Zitronensaft oder weißem Balsamico (Condimento bianco) abschmecken.

Acquacotta

Acquacotta

Acquacotta heißt wörtlich „gekochtes Wasser". Das ist etwas tiefgestapelt, auch wenn das Signal stimmt: Hier kommt eine ganz, ganz schlichte Mahlzeit. Erstaunlich, wie reich an Geschmack sie ist!

ZUTATEN FÜR 3-4

ca. 500 g große, reife Tomaten

1 Zwiebel

1 Knoblauchzehe

1 kleine Chilischote, frisch oder getrocknet, oder Chiliflocken

1 kleiner Bund glatte Petersilie

4 EL Olivenöl nativ extra + Öl zum Beträufeln

Salz

schwarzer Pfeffer aus der Mühle

4 oder mehr Scheiben (oder grobe Brocken) altbackenes, aber noch nicht hartes Weißbrot

ein paar Zweige Basilikum

1. Tomaten waschen, Strunk entfernen und Tomaten grob würfeln. Zwiebel und Knoblauch schälen. Zwiebel halbieren und fein schneiden, Knoblauch fein hacken. Chili ohne Stiel in feine Ringe schneiden oder zerbröseln. Petersilie waschen, trockenschütteln und mit den Stängeln fein schneiden.

2. Olivenöl in einer großen Pfanne oder einem Topf erhitzen und mit Zwiebel, Knoblauch, Chili und Petersilie sanft aromatisieren. Tomaten dazugeben und bei mittlerer Hitze 10 Minuten offen schmoren.

3. Mit Wasser knapp bedecken und zugedeckt 15 Minuten bei milder Hitze köcheln. Fertige Suppe mit Salz und Pfeffer abschmecken.

4. Brotstücke in Teller verteilen, Tomaten mit der Restflüssigkeit darauf verteilen. 2 Minuten warten, bis sich das Brot vollgesogen hat. Nach Belieben Olivenöl darüberträufeln und mit Basilikumblättern auffrischen.

VARIANTEN

Weiteres Gemüse dazugeben, z.B. Stangensellerie, von den harten Stielen gestreiften Grün- oder Schwarzkohl, Wildkräuter oder Pilze, und mit den Tomaten etwas länger weich kochen.

Letscho

Ein ungarisch-burgenländischer Spätsommer-Klassiker, der jedes Mal wieder durch seinen intensiv-fruchtigen Geschmack bei so kurzer Zubereitungszeit überrascht.

ZUTATEN FÜR 3-4

6 Paprikaschoten (je 2 rote, gelbe, grüne)
2 kleine Zwiebeln
1 Knoblauchzehe
3 EL neutrales Pflanzenöl, z.B. Rapsöl
Salz
weißer Pfeffer aus der Mühle
1 Prise Zucker
1 Zweig Thymian
1 Zweig Rosmarin
ca. 250 ml Tomatensaft
1-2 Zweige frischer Oregano

1. Paprikaschoten evtl. mit einem Sparschäler schälen (nach Wunsch, nicht unbedingt nötig). Vierteln, entkernen, in gleichmäßige, nicht zu kleine Stücke schneiden. Zwiebeln und Knoblauch schälen, Zwiebeln halbieren und (etwas kleiner als die Paprikaschoten) in gleichmäßige Stücke schneiden, Knoblauch hacken.

2. Zwiebeln und Paprika in einem Topf in Pflanzenöl langsam ohne Farbe anschwitzen. Knoblauch dazugeben. Mit Salz, Pfeffer und Zucker würzen, Thymian und Rosmarin beifügen. Mit Tomatensaft aufgießen.

3. Bei kleiner Flamme langsam zugedeckt weich schmoren (ca. 15–20 Minuten). Abschmecken.

4. Letscho anrichten, mit gezupften Oreganoblättchen garnieren.

TIPPS

Dazu passen frische Semmeln, getoastetes Weißbrot oder Pita-Brot (S. 24).

Alternativ zum Brot eignen sich Fregola oder türkische Kuskus-Nudeln ebenso wie (gebratene) Polenta oder duftiger Basmatireis, Getreidereis oder Bulgur als Beilage.

Letscho schmeckt auch gut bei Raumtemperatur, dafür mit 1 Spritzer weißem Balsamico (Condimento bianco) abschmecken.

Pasta mit Kirschtomatensauce

Pasta con sughetto di pomodorini

Schon die niedliche Verkleinerungsform Sughetto weist – im Gegensatz zum schwer eingekochten Sugo – auf eine leichte, frische und sehr fruchtige Tomatensauce hin. Da strahlt die Sonne direkt aus dem Teller!

ZUTATEN FÜR 4

500 g aromatische, kleine Tomaten (z.B. Datterini oder Pachino)

ca. 100 ml (8 EL) Olivenöl nativ extra

Salz

4 Knoblauchzehen

schwarzer Pfeffer aus der Mühle

ein paar Zweige Basilikum

500 g lange, dünne Pasta aus Hartweizen (z.B. Capellini, Spaghettini, Spaghetti, Fettuccine, Bavettine)

1. Tomaten waschen, trockentupfen, halbieren.
2. Olivenöl in einer großen Schwenk- oder Bratpfanne erhitzen. Tomaten mit der Schnittfläche nach unten in die Pfanne geben. Sie sollten nebeneinander und nicht übereinander liegen.
3. Bei Bedarf weiteres Olivenöl dazugeben, damit wirklich jede Tomatenhälfte im Öl liegt. Bei mittlerer Hitze ohne Rühren 10–15 Minuten garen, bis die Schnittfläche schön karamellisiert und die Haut etwas zusammengefallen ist.
4. Währenddessen Pasta in reichlich Salzwasser al dente kochen.
5. Knoblauchzehen schälen und andrücken, 5 Minuten vor Kochende zwischen die Tomaten geben. Großzügig salzen und moderat pfeffern. Mit einigen Basilikumblättern aromatisieren, Knoblauch entfernen.
6. Pasta abseihen, tropfnass zur Sauce geben, alles gut durchschwenken und sofort servieren.

TIPP

Keinen Käse darüberreiben. Das würde nicht nur den fruchtigen Geschmack trüben, sondern auch die Pasta „bremsen“: Sie soll richtig in den Mund gleiten.

Knusprige Tomatenlaibchen

Tomatokeftedes/Pseftokeftedes

Diese Laibchen aus reifen Tomaten heißen auch „falsche Fleischlaibchen" und stammen von der Insel Santorin. In Olivenöl knusprig gebraten, sind sie heiß begehrt.

ZUTATEN FÜR 4-6 ALS HAUPTSPEISE

- ca. 50 g altbackenes, aber noch nicht hartes Weißbrot mit Rinde
- 750 g reife Fleisch- oder Eiertomaten
- 4-5 Zweige Basilikum
- 4-5 Zweige grüne Minze (Nana- oder marokkanische Minze, keine Pfefferminze)
- 300 g Zwiebeln
- 1 TL getrockneter Oregano
- ¼ TL gemahlener Ceylon-Zimt
- ca. 1,5 TL Salz
- schwarzer Pfeffer aus der Mühle
- ca. 200 g Weizenmehl (Type D 550, Ö 700 glatt oder 480 griffig oder universal)
- 1 TL Weinstein-Backpulver
- ca. 100 ml (8 EL) Olivenöl nativ extra zum Braten

1. Weißbrot über einer großen Schüssel in sehr kleine Stückchen zupfen oder im Universalzerkleinerer grob mixen.

2. Tomaten auf der runden Seite mit einem scharfen Messer kreuzweise einschneiden. In einer Schüssel mit kochendem Wasser übergießen und 2–3 Minuten warten, bis sich die Haut am Einschnitt aufzurollen beginnt. Heißes Wasser abgießen, Tomaten mit kaltem Wasser abschrecken. Tomaten häuten, halbieren, Strunk entfernen und Fruchtfleisch auf einem großen Brett mit einem großen, schweren Messer hacken. Tomaten inkl. Saft und Kernen auf das Weißbrot geben.

3. Basilikum- und Minzblätter abzupfen. Fein hacken. Zwiebeln schälen, halbieren und fein schneiden. Zwiebeln und frische Kräuter zu den Tomaten geben. Oregano zwischen den Handflächen darüberrebeln. Zimt, Salz und Pfeffer dazugeben. Verrühren. Mehl mit Backpulver mischen, unterrühren. Die Masse soll dickcremig sein. Ggf. mit ein bisschen mehr Mehl binden, mit Salz abschmecken.

4. In 1–2 großen beschichteten Pfannen je 1–2 EL Olivenöl erhitzen. Je 1 gehäuften EL Masse nebeneinander mit etwas Abstand einsetzen, mit dem Löffel behutsam gleichmäßig dicke Laibchen formen. Bei hoher Hitze pro Seite ca. 3 Minuten knusprig braun braten. Mit weiterem Olivenöl und restlicher Masse wiederholen. Herausheben und kurz auf Küchenpapier abtropfen lassen. Heiß servieren.

TIPPS

Dazu passt einfacher, knackig-frischer Salat aus z.B. Eis- oder Römersalat, Rucola, Gurke und Kalamata-Oliven mit Weinessig und Olivenöl.

Die Laibchen schmecken heiß, lauwarm und kalt, aber nur heiß sind sie knusprig. Im Kühlschrank halten sie 2-3 Tage.

Tahin-Sauce (s. Tipp S. 114) passt gut dazu.

VARIANTE

Statt Basilikum passt auch Petersilie oder nur Minze.

Kichererbsen mit Mangold

Garbanzos con acelgas

Ein traditionelles Rezept der spanischen Küche. Einfacher geht es kaum. Der Pfiff ist die feine Paste aus geröstetem Brot und Knoblauch, die Konsistenz und Würze verleiht.

ZUTATEN FÜR 3-4

- 3 Knoblauchzehen
- 300 g reife Tomaten
- 500 g Mangold
- 3 EL Olivenöl nativ extra
- 2 kleine Scheiben altbackenes, aber noch nicht hartes Weißbrot
- 1 (möglichst frisches) Lorbeerblatt
- Salz
- ca. 250 g gegarte Kichererbsen (S. 29 oder aus Dose/Glas, Abtropfgewicht)
- ½ EL edelsüßes Paprikapulver, nach Wunsch Pimentón de la Vera
- ¼ TL gemahlener Kreuzkümmel

1. Knoblauchzehen schälen und in Scheiben schneiden. Tomaten halbieren, Strunk entfernen, Tomaten in 1 cm breite Würfel schneiden. Mangoldstiele und -blätter getrennt in knapp 1 cm breite Streifen schneiden.

2. Olivenöl in einem breiten Topf erhitzen. Knoblauchzehen bei schwacher Hitze goldgelb anbraten. Sie dürfen nicht braun werden. Herausnehmen. In demselben Öl die Brotscheiben von beiden Seiten goldbraun und knusprig braten. Herausnehmen und auf Küchenpapier legen. Tomaten mit den zerbrochenen Lorbeerblättern ins Öl geben, leicht salzen und bei schwacher Hitze 5 Minuten schmoren. Mangoldstiele zugeben und weitere 5 Minuten zugedeckt schmoren.

3. Währenddessen Kichererbsen in einem Sieb abspülen und dabei gut schwenken, damit sich möglichst viele der Häute lösen. Kichererbsen häuten (s. Tipp S. 29).

4. Gebratene Knoblauchscheiben, 1 Prise Salz und geröstetes Brot in einem Mörser zu einer feinen Paste zerstoßen.

5. Kichererbsen, Mangoldstreifen, Paprikapulver und Kreuzkümmel zu den Tomaten geben. Ca. 250 ml Wasser angießen. Vorbereitete Paste einrühren. Aufkochen und bei mittlerer Hitze noch ca. 8–10 Minuten zugedeckt schmoren. Die Kichererbsen sollen cremig gebunden, der Mangold soll weich sein.

Ofenkarotten mit Knoblauch und Frühkartoffeln

Ofenkarotten mit Knoblauch und Heurigen

Macht sich fast von selbst und schmeckt heiß, wenn es draußen kühl ist, und lauwarm, wenn der Sommer zeigt, was er kann.

ZUTATEN FÜR 3-4

4 größere Karotten (ca. 400-500 g)

4 größere Frühkartoffeln (ca. 400-500 g)

Salz

1 Prise Zucker

3-4 Zweige Thymian + Thymian zum Garnieren

8 Knoblauchzehen

2-3 EL Maiskeimöl (oder anderes mildes Pflanzenöl)

1. Ofen auf ca. 190 °C Ober-/Unterhitze vorheizen.

2. Karotten schälen, in nicht zu dicke Stifte schneiden. Kartoffeln schälen, in nicht zu dicke Scheiben schneiden.

3. Karottenstifte und Kartoffelscheiben nebeneinander in einen Bräter oder eine beschichtete Pfanne legen. Mit Salz, Zucker und Thymianzweigen bestreuen. Knoblauchzehen schälen und leicht andrücken, dazugeben. Mit Öl beträufeln, einmal durchmischen und wieder flach ausbreiten.

4. Im vorgeheizten Ofen bei ca. 190 °C ca. 20–30 Minuten bissfest braten.

5. Herausnehmen und mit Salz abschmecken. Anrichten, mit Thymianblättchen garnieren.

TIPPS

Unorthodox, aber passt gut dazu: Tahin-Sauce (s. Tipp S. 114) oder Salsa verde mit viel Petersilie und Zitrone.

Grünen Salat mit erfrischend säuerlichem Dressing dazu servieren.

VARIANTE

Karotten mit gelben Rüben und Petersilienwurzeln mischen.

Pfifferling-Kartoffel-Pfanne

Eierschwammerlgröstl

An Pfifferlingen gibt es nichts zu verbessern. So frisch wie möglich verarbeiten!

ZUTATEN FÜR 3-4

ca. 500 g gekochte festkochende Kartoffeln (z.B. Kipfler, Bamberger Hörnchen oder Linzer Delikatess)

3-4 EL Rapsöl oder mildes Olivenöl nativ extra

300 g kleine Pfifferlinge

1 rote Zwiebel

einige Zweige glatte Petersilie

½ kleiner Bund Schnittlauch

2 Frühlingszwiebeln

Salz

weißer Pfeffer aus der Mühle

1 Prise gemahlener Kümmel

1. Kartoffeln schälen, in Scheiben schneiden. Kartoffelscheiben in einer beschichteten Pfanne in 2 EL Öl bei mittlerer bis hoher Hitze goldbraun knusprig anbraten. Aus der Pfanne nehmen.

2. Pfifferlinge putzen, Zwiebel schälen, halbieren und klein schneiden. Petersilie waschen, trockenschütteln, inkl. zarter Stängel abzupfen und grob hacken, Schnittlauch in feine Ringe schneiden (ca. 1 TL). Frühlingszwiebeln putzen und inkl. Grün klein schneiden.

3. Pfifferlinge und Zwiebel in restlichen 1–2 EL Öl rösten. Mit Salz, Pfeffer und Kümmel würzen. Kartoffelscheiben wieder dazugeben, durchschwenken. Zum Schluss mit der Hälfte der Petersilie und dem Schnittlauch verfeinern.

4. Anrichten, mit Frühlingszwiebeln und restlicher Petersilie bestreuen.

TIPP

Grünen Salat dazu servieren.

VARIANTE

Für Pilzgröstl Steinpilze oder andere Waldpilze mit den Pfifferlingen mischen.

Polenta mit Steinpilzen

Polenta e porcini

Bei so wenigen und erstklassigen, aber einfachen Zutaten bedarf es eigentlich keiner Worte. Das kann man durchaus als Credo nehmen, während man dieses herrliche Gericht genießt.

1. 1,2 l Wasser mit 1 TL Salz aufkochen, Polenta langsam hineinrieseln lassen und gut einrühren. Bei kleinster Hitze ca. 20–25 Minuten zugedeckt einkochen (mehr quellen als kochen). Dabei immer wieder durchrühren. Mit Salz abschmecken.

2. Währenddessen Steinpilze putzen und in 5–8 mm dicke Scheiben schneiden. Zwiebel schälen und fein würfeln. Petersilie waschen, trockenschütteln und mit den zarten Stängeln fein schneiden.

3. Olivenöl in einer Bratpfanne erhitzen. Steinpilze darin 2 Minuten anbraten. Wenden, Zwiebel und Petersilie dazugeben und weitere 2 Minuten braten. Salzen, pfeffern und gut durchschwenken.

4. Cremige Polenta auf Tellern verteilen und die Steinpilze daneben oder darübergeben.

ZUTATEN FÜR 4

Salz

300 g mittelgrobe Polenta (Maisgrieß, keine Instantpolenta)

500 g frische Steinpilze (ersatzweise 400 g gefrorene Steinpilze)

1 Zwiebel (ca. 100 g)

1 kleiner Bund glatte Petersilie

ca. 100 ml (8 EL) Olivenöl nativ extra

schwarzer Pfeffer aus der Mühle

TIPP

Falls Polenta übrigbleibt, in eine kleine, bevorzugt eckige Form füllen und glattstreichen. Am nächsten (oder übernächsten) Tag in dicke Scheiben schneiden und in einer beschichteten Pfanne in Olivenöl bei mittlerer Hitze knusprig braun braten. Mit Salat servieren.

Herbst

Quinoa-Salat mit Paranüssen und Physalis

Ensalada de quinoa

Gut zum Mitnehmen!

Das uralte Grundnahrungsmittel aus den Anden wird nun auch in Europa angebaut. Kombiniert mit Physalis, Tomaten und Nüssen ergibt das einen Lieblingssalat.

ZUTATEN FÜR 3-4

- 150 g bunte Quinoa oder je nach Verfügbarkeit, rote, schwarze oder weiße
- Salz
- 60-70 g rote Zwiebel
- 60-70 g Paranüsse
- 100 g Physalis (Kapstachelbeeren)
- 250 g bunte reife kleine Tomaten/Kirschtomaten
- 30 g frischer Koriander
- 2 reife, aber nicht zu weiche Avocados (am besten Hass-Avocados)
- 4-5 EL Limettensaft (von 2-3 Limetten)
- ¼-½ TL Chilipulver oder 1 kleine scharfe Chilischote
- 4-5 EL Olivenöl nativ extra

1. Quinoa in einem engmaschigen Sieb sehr gründlich mit kaltem Wasser waschen. In einem Topf oder einer Sauteuse/Stielkasserolle mit 375 ml kaltem Wasser und 1 schwachen TL Salz aufkochen. Auf kleiner Hitze offen ca. 15 Minuten köcheln lassen, bis sie bissfest, aber fertig gegart ist und sich die weißen zarten Keime etwas von den Samen lösen. Zudecken und weitere 5–10 Minuten nachquellen lassen. Mit einer Gabel behutsam auflockern und in eine weite Schüssel geben.

2. Zwiebel schälen und in feine Würfel schneiden. Paranüsse quer in 1–2 mm dicke Scheiben/Stücke schneiden. Physalis aus den papierernen Hüllen lösen, waschen und vierteln, dabei mit einem kleinen scharfen Messer ggf. den harten Strunk entfernen. Tomaten waschen und je nach Größe halbieren oder vierteln. Koriander samt zarten Stängeln waschen, trockenschleudern und grob hacken. Avocados längs rund um den Kern halbieren, durch Gegeneinanderdrehen der Hälften öffnen. Kern mit einem beherzten Schlag mit einer scharfen Messerklinge „greifen" und durch leichtes Drehen herauslösen. Schale abziehen. Fruchtfleisch in ca. 1–1,5 cm große Würfel schneiden.

3. Limettensaft mit Chili (Pulver oder ohne Stiel fein gehackte, frische Schote), Salz und Olivenöl verquirlen.

4. Zwiebel und Nüsse zur Quinoa geben und mit etwa ⅔ des Dressings behutsam vermischen. Tomaten, Physalis und Koriander untermengen. Mit Salz und Limettensaft abschmecken. Zum Schluss Avocados sehr vorsichtig, am besten mit den Händen, untermengen und den Salat anrichten. Mit dem restlichen Dressing beträufeln.

TIPP

Der Salat hält 1 Tag im Kühlschrank, schmeckt aber am besten frisch.

Waldorf-Salat

Waldorf Salad

1895 im New Yorker Waldorf-Astoria-Hotel erfunden, bestand der berühmte Salat zu Beginn nur aus Äpfel, Sellerie und Mayonnaise. Erst 1981 wurden Walnüsse offiziell Teil des Rezepts.

ZUTATEN FÜR 4

75 g beste frische Walnusskerne

250 g Stangensellerie (am besten mit hellgelben Blättern)

2 knackig-säuerliche Äpfel (z.B. Granny Smith, Topaz)

ca. 2 TL frisch gepresster Zitronensaft

175 g rein pflanzliche Mayonnaise (gekauft oder S. 27)

Salz

schwarzer Pfeffer aus der Mühle

75 g Blattsalat nach Wahl

1. Walnusskerne grob hacken und in einer Pfanne ohne Fett bei mittlerer Hitze 2–3 Minuten sanft rösten, bis sie zu duften beginnen und leicht bräunen. Auf einem Teller abkühlen lassen.

2. Sellerie waschen. Die Blätter abzupfen und grob hacken. Sellerie von den Fäden befreien und schräg in dünne, blättrige Scheiben schneiden. Äpfel sechsteln, entkernen und wie den Sellerie dünn schneiden.

3. Äpfel, Sellerie und Zitronensaft in einer Schüssel mischen, Mayonnaise behutsam, aber gründlich einrühren. Mit Salz und Pfeffer würzen.

4. Blattsalat waschen, trockenschleudern und fein schneiden. Auf eine Platte geben und den Waldorf-Salat darauf verteilen. Mit Walnüssen und Sellerieblättern bestreut servieren.

TIPPS

Weizensauerteigbrot passt gut dazu.

Für eine etwas weniger üppige Mayonnaise evtl. mit Essigwasser verdünnen. Dann sollte die Ausgangs-Mayonnaise aber wirklich fest sein, damit das Dressing nicht zu dünnflüssig wird.

Bulgur-Salat mit Mangold

Nohutlu ve pazılı kısır

Ein herzhafter Klassiker, der sich auch perfekt zum Mitnehmen eignet.

ZUTATEN FÜR 4

150 g Köftelik-Bulgur (feiner Bulgur, im türkischen Lebensmittelhandel erhältlich)

1 kleine Zwiebel

1 Knoblauchzehe

4-5 EL Olivenöl nativ extra

250 g junger Mangold oder Baby-Mangold

Salz

schwarzer Pfeffer aus der Mühle

ca. 250 g gegarte Kichererbsen (S. 29 oder aus Dose/Glas, Abtropfgewicht)

¼ TL gemahlener Kreuzkümmel

2-3 EL frisch gepresster Zitronensaft

1. In einer Schüssel Bulgur mit 150–160 ml kochendem Wasser übergießen, zudecken und 10–15 Minuten quellen lassen. Anschließend mit einer Gabel auflockern.

2. Währenddessen Zwiebel und Knoblauch schälen, Zwiebel halbieren, beides klein würfeln und in einer Pfanne mit 1–2 EL Olivenöl glasig anschwitzen. Mangold waschen, gut abtropfen lassen, ggf. grob schneiden. In die Pfanne dazugeben, zusammenfallen lassen und mit Salz und Pfeffer abschmecken.

3. Kichererbsen in einem Sieb abspülen und dabei gut schwenken, damit sich möglichst viele der Häute lösen. Kichererbsen häuten (s. Tipp S. 29). Kichererbsen mit einer Gabel leicht andrücken, in einer Pfanne mit ca. 1 EL Olivenöl kurz erwärmen und mit Kreuzkümmel, Salz und Pfeffer abschmecken.

4. Die warme Zwiebel-Mangold-Mischung und die Kichererbsen zum Bulgur geben, leicht unterheben, mit Zitronensaft, Olivenöl, Salz und Pfeffer abschmecken.

TIPPS

Schmeckt auch kalt aus dem Kühlschrank.

Statt Köftelik-Bulgur Couscous verwenden, dann geht's noch schneller.

Dazu passt Tahin-Sauce: ca. 60 g Tahin (Sesampaste) mit 1 zermörserten Knoblauchzehe, 2-3 EL Zitronensaft und ca. 70 ml Wasser verrühren, mit Salz, Pfeffer und Zitrone abschmecken, 3-4 Zweige fein geschnittene Petersilie einrühren.

Mit gewürfeltem Spitzpaprika, 6-8 Rispentomaten oder Datteln lässt sich der Salat nach Wunsch erweitern.

Kichererbsensalat

Insalata di ceci

Ein herrlich sättigender Salat, der aber gar nicht üppig, sondern nussig, knackig und saftig-frisch schmeckt.

ZUTATEN FÜR 4

ca. 500 g gegarte Kichererbsen (S. 29 oder aus Dose/Glas, Abtropfgewicht)

3 kleine Frühlingszwiebeln oder 1 Tropeazwiebel

12 kleine Kirsch- bzw. Rispentomaten (z.B. Datterini oder Pachino)

ca. 250 g Stangensellerie mit hellem Grün

1 kleiner Bund glatte Petersilie

3 EL Weißweinessig

Salz

schwarzer Pfeffer aus der Mühle

6 EL Olivenöl nativ extra

1. Kichererbsen im Sud einmal aufkochen, in einem Sieb abspülen und dabei gut schwenken, damit sich möglichst viele der Häute lösen. Kichererbsen häuten (s. Tipp S. 29).

2. Frühlingszwiebeln putzen, diagonal in 3 mm dünne Ringe schneiden (Tropeazwiebeln in Spalten). Tomaten waschen und vierteln. Sellerie waschen, Fäden abziehen, Sellerie quer in 1 cm breite Stücke schneiden, das Selleriegrün grob zupfen. Petersilie waschen, trockenschütteln und mit den zarten Stängeln fein schneiden.

3. Essig, Salz, Pfeffer und Olivenöl in einer Salatschüssel zu einer Emulsion schlagen. Kichererbsen noch lauwarm in die Schüssel geben, gut mischen und 15 Minuten ziehen lassen.

4. Alle anderen Zutaten untermischen und, falls nötig, mit weiterem Essig, Salz, Pfeffer und Öl abschmecken.

TIPP

Am besten frische Focaccia oder Pizza bianca dazu genießen.

VARIANTEN

Kichererbsen je nach Saison mit anderen Zutaten bereichern, z.B. Kapern, Oliven, Salatgurke oder Paprika. Oder den Sellerie durch Fenchel ersetzen.

Karottensalat mit Kreuzkümmel und Zitrone

Ein knackig-fruchtig-frischer Salat, dessen schillernde Aromen jedes Mal wieder begeistern.

ZUTATEN FÜR 4

1 TL ganzer Kreuzkümmel

2 EL Rosinen

500 g knackig-feste, größere Karotten

1 kleiner Bund glatte Petersilie

3–4 EL frisch gepresster Zitronensaft

Salz

1 EL Zucker oder (noch besser) Ahornsirup

¼ TL gemahlener Ceylon-Zimt

½ TL Paprikapulver edelsüß

schwarzer Pfeffer aus der Mühle

4 EL Olivenöl nativ extra

evtl. 1 EL geröstete Mandelstifte oder -blättchen

1. Kreuzkümmel in einer Pfanne ohne Fett bei mittlerer Hitze unter häufigem Rütteln rösten, bis er zu duften beginnt. In einer Schüssel auskühlen lassen. Rosinen in einem Sieb waschen und abtropfen lassen.

2. Karotten schälen und in feine Streifen hobeln (Julienne) oder grob reiben. Petersilie waschen, trockentupfen, Blätter inkl. zarter Stängel abzupfen, grob schneiden.

3. Kreuzkümmel mörsern oder mahlen. Mit Zitronensaft, ca. 1 TL Salz, Ahornsirup oder Zucker, Zimt, Paprika und Pfeffer mit einem kleinen Schneebesen gut verrühren, mit Olivenöl energisch zu einer Emulsion mischen. Mit den Karotten vermengen, Petersilie und Rosinen untermischen. Abschmecken. 15 Minuten durchziehen lassen.

4. Nochmals mit Salz und Zitronensaft abschmecken. Evtl. mit gerösteten Mandeln bestreuen.

TIPPS

Lässt sich gut vorbereiten und bleibt tagelang knackig.

Dünnes arabisches, weiches türkisches Fladenbrot (Pide) oder Pita-Brot (S. 24) passt gut dazu.

VARIANTEN

Man kann den Salat auch mit Harissa mehr oder weniger scharf würzen.

1 Knoblauchzehe ohne Keim mit dem Kreuzkümmel mörsern oder feinst hacken.

Mit 1 EL Orangenblütenwasser parfümieren.

Orangensaft passt ebenfalls gut, aber immer mit Zitronensaft ergänzt, denn Orangen allein bringen zu wenig Säure mit.

Pilzsuppe

Schwammerlsuppe

Viel zu prachtvoll, um sie bloß als Vorspeise zu essen. Mit gutem Brot und Nussöl wird eine aromatische Hauptspeise daraus.

1. Pilze putzen (nicht waschen). Je nach Größe in kleinere Stücke schneiden. Schalotten schälen und klein schneiden. Kräuter waschen, trockenschütteln, abzupfen und grob schneiden.

2. In einem großen Topf Pilze in heißem Öl einige Minuten anrösten, Schalotten dazugeben, glasig rösten, salzen, pfeffern. Evtl. mit Weißwein ablöschen, mit Gemüsebrühe auffüllen. Einmal gut aufkochen und je nach verwendeten Pilzen ein paar Minuten leicht köcheln lassen. Die Pilze sollen durchgegart sein, aber noch leichten Biss haben.

3. Evtl. mit in 1 EL kaltem Wasser aufgelöster Stärke leicht binden. Kräuter beifügen, ca. 1 Minute ziehen lassen. Anrichten. Evtl. mit einigen Tropfen Nussöl beträufeln.

ZUTATEN FÜR 4-6

200 g kleine Pfifferlinge
200 g Steinpilze
100 g Semmelstoppelpilze (ersatzweise Champignons)
100 g Herbsttrompeten (ersatzweise Kräuterseitlinge)
3 Schalotten
einige Zweige glatte Petersilie
1 kleiner Zweig Liebstöckel
3 EL Olivenöl nativ extra oder Raps- oder Sonnenblumenöl
Salz
schwarzer Pfeffer aus der Mühle
evtl. 1 Schuss Weißwein
1,5 l Gemüsebrühe (S. 26)
evtl. 1 TL Speisestärke
evtl. Walnuss- oder Haselnussöl

TIPPS

Nussbrot passt gut dazu.

Zuchtpilze wie Kräuterseitlinge oder Champignons müssen normalerweise nicht geputzt werden.

VARIANTE

Vorab 1 EL getrocknete Steinpilze in die Gemüsebrühe geben, einmal aufkochen, abseihen. Mit dieser Pilzbrühe auffüllen.

Kohlsuppe

Krautsuppe

Gut zum Mitnehmen!

Mit Lagerkohl schmeckt dieser pannonische Klassiker intensiver als mit Frühkohl. Dezenter Räuchergeschmack kommt durch geräuchertes Paprikapulver in die Suppe.

ZUTATEN FÜR 6–8

1 Weißkohl (ca. 1 kg)
1 kleine Sellerieknolle
2 Zwiebeln
4 EL neutrales Pflanzenöl (z.B. Sonnenblumenöl)
evtl. 1 Prise Zucker
2 EL Tomatenmark
1 TL edelsüßes Paprikapulver (evtl. die Hälfte davon geräuchert)
1 Spritzer Weißweinessig
Salz
weißer Pfeffer aus der Mühle
ca. ½ TL gemahlener Kümmel
1,5 l Gemüsebrühe (S. 26)
evtl. helle Stangenselleriebläter

1. Kohlkopf vierteln, vom Strunk befreien, Kohl in Rauten schneiden. Sellerie schälen, in kleine Würfel schneiden, evtl. einige für die Garnitur zur Seite stellen. Zwiebeln schälen, halbieren und in Rauten oder klein schneiden.

2. In einem großen Topf Kohl, Sellerie und Zwiebeln im Öl hell anschwitzen. Evtl. Zucker dazugeben, kurz rösten. Tomatenmark und Paprikapulver beifügen, sofort mit Essig ablöschen. Salz, Pfeffer und Kümmel dazugeben. Mit Gemüsebrühe auffüllen und aufkochen.

3. Ca. 15 Minuten köcheln lassen. Der Kohl sollte nicht zu weich sein, sondern etwas Biss haben (Lagerkohl ca. 5 Minuten länger kochen).

4. Mit Salz und Essig abschmecken. Anrichten, evtl. mit Sellerieblättern und Selleriewürfeln garnieren.

TIPPS

Hält problemlos ein paar Tage im Kühlschrank und lässt sich gut aufwärmen.

Roggensauerteigbrot (am besten aus dem Holzofen) passt gut dazu.

Geschmorter Tomatentofu

Đậu hũ sốt cà chua/Tauhu sambal

Ein in Vietnam extrem populäres Rezept, das nur wenige Zutaten braucht und allen schmeckt. Am besten im frühen Herbst, wenn die letzten großen Tomaten reif werden.

ZUTATEN FÜR 4

300 g Jasminreis (thailändischer Duftreis)

FÜR DEN TOFU

500 g mittelfester bis fester Tofu (nicht geräuchert oder gewürzt)

4-5 Frühlingszwiebeln

2 Knoblauchzehen

750-800 g große reife Fleischtomaten (z.B. German Gold, Ochsenherz, Bulgarische Fleischtomate)

ca. 4-5 EL neutrales Pflanzenöl (z.B. Sonnenblumenöl)

1 EL Kokosblütenzucker oder brauner Zucker

1-1,5 EL Sojasauce

Salz

schwarzer Pfeffer aus der Mühle

1. Reis zubereiten (S. 23).

2. Während der Reis kocht, Tofu in ca. 0,75–1 cm dicke Scheiben und diese in Dreiecke schneiden. Nebeneinander auf Küchenpapier auflegen, mit Küchenpapier bedecken und möglichst großflächig mit den Handflächen Druck ausüben, um überschüssiges Wasser aus dem Tofu zu entfernen. So wird er beim Braten knuspriger.

3. Frühlingszwiebeln putzen und Weiß und Grün getrennt in feine Ringe schneiden. Knoblauch schälen und fein hacken. Tomaten auf der runden Seite mit einem scharfen Messer kreuzweise einschneiden. In einer Schüssel mit kochendem Wasser übergießen und 2–3 Minuten warten, bis sich die Haut am Einschnitt aufzurollen beginnt. Heißes Wasser abgießen, Tomaten mit kaltem Wasser abschrecken. Tomaten häuten, halbieren, Strunk entfernen und Fruchtfleisch auf einem großen Brett mit einem großen Messer grob hacken.

4. In einer beschichteten Pfanne Tofuscheiben in heißem Öl bei mittlerer bis hoher Hitze pro Seite ca. 2–3 Minuten goldig und knusprig braten. Herausheben und auf Küchenpapier abtropfen lassen.

5. In der Tofupfanne (evtl. mit 1 weiteren EL Öl) bei mittlerer Hitze das Weiße der Frühlingszwiebel und Knoblauch 1–2 Minuten anschwitzen, Zucker dazugeben, kurz karamellisieren lassen. Gehackte Tomaten inkl. Saft und Kernen dazugeben, 5 Minuten bei starker Hitze einkochen. Mit Sojasauce, Salz und Pfeffer abschmecken. Tofu in die Sauce geben, wenden und 1–2 Minuten schmoren. Anrichten, mit Frühlingszwiebelgrün bestreuen und mit Reis servieren.

TIPPS

Limettenspalten dazu servieren.

In Malaysia wird gern Gurkensalat dazu serviert.

VARIANTEN

½ TL geschälten, fein gehackten frischen Ingwer mit Zwiebeln und Knoblauch anschwitzen.

Oder wer's scharf mag (und für die malaysische Variante): mit Sambal Oelek abschmecken.

Milden Räuchertofu statt normalem verwenden, dann aber vorsichtig mit der Sojasauce abschmecken.

Blumenkohl mit Datteln und Oliven

Coliflor con dátiles y aceitunas

Der bescheidene Blumenkohl geht mit würzigen Oliven, süßen Datteln und Gewürzen eine unerhört köstliche Liaison ein.

ZUTATEN FÜR 3-4

600 g Blumenkohl
3 Zweige Thymian
8 Datteln
8 entkernte schwarze Oliven (in Lake)
8 entkernte grüne Oliven (in Lake)
2-3 EL Olivenöl nativ extra
125 ml trockener Weißwein
Salz
schwarzer Pfeffer aus der Mühle
¼ TL edelsüßes Paprikapulver (kein geräuchertes)

FÜR OBENDRÜBER

2-3 Blumenkohlblätter (je nach Größe)
1 Knoblauchzehe
1-2 EL Olivenöl nativ extra
Salz
1-2 Sternanis
100 ml Wasser oder Weißwein

1. Blumenkohl putzen und in kleine Röschen teilen. Thymianblättchen von den Stängeln zupfen. Datteln ggf. entkernen und vierteln. Oliven halbieren.

2. Olivenöl in einer tiefen Pfanne erhitzen. Blumenkohlröschen und Thymian ins heiße Öl geben. Bei mittlerer Hitze unter häufigem Rühren rundum 4–5 Minuten goldbraun braten. Wein angießen. Dabei den Bratensatz vorsichtig mit einem Spatel ablösen. Mit Salz, Pfeffer und Paprikapulver würzen. Wenn der Blumenkohl fast gar ist, Datteln und Oliven zugeben. 2–3 Minuten mitbraten.

3. Während der Blumenkohl gart, Blumenkohlblätter waschen und sehr fein hacken. Knoblauch schälen und ebenfalls sehr fein hacken.

4. Olivenöl in einer Pfanne erhitzen. Blumenkohlblätter und Knoblauch im heißen Öl bei mittlerer Hitze unter Rühren 2–3 Minuten schwenken. Leicht salzen und Sternanis zugeben. Wasser oder Wein angießen und zugedeckt 4–5 Minuten bei schwacher bis mittlerer Hitze köcheln. Sternanis herausnehmen.

5. Blumenkohlröschen in eine Schüssel füllen. Blumenkohlblätter darüber verteilen.

TIPP

Frisches Weißbrot dazu servieren.

Mangold mit Safranrosinen und Pinienkernen

Acelgas con pasas y piñones

Diese simple Zubereitung ist in Spanien für Tapas üblich, ganz ähnlich aber auch in Süditalien beliebt. Hier machen Safran, Rosinen und Zimt ein Festessen daraus.

ZUTATEN FÜR 2-4

1 Briefchen (0,1 g) Safranfäden oder gemahlener Safran bester Qualität

2 EL Rosinen

2 EL mediterrane Pinienkerne

ca. 500 g Mangold (gern bunter)

100 g rote Zwiebeln

4 EL Olivenöl nativ extra

Salz

1 Prise gemahlener Ceylon-Zimt

schwarzer Pfeffer aus der Mühle

1. Safranfäden nach Möglichkeit mörsern. Rosinen in einem Sieb abspülen, mit dem Safran in ca. 75 ml heißem Wasser einweichen.

2. Pinienkerne in einer großen Pfanne ohne Fett bei mittlerer Hitze unter häufigem Rütteln goldbraun rösten. Auf einem Teller auskühlen lassen.

3. Mangold waschen. Stiele herausschneiden, in 5 cm lange und ca. 0,5–1 cm breite Streifen schneiden, Blätter in 5 cm breite Stücke schneiden. Zwiebeln schälen, halbieren, längs in Streifen schneiden.

4. Olivenöl in der Pfanne erhitzen, Zwiebeln und Mangoldstiele anschwitzen, salzen, ca. 10 Minuten zugedeckt schmoren. Mehrmals umrühren. Die Mangoldstiele sollen fast weich, die Zwiebeln weich, aber nicht gebräunt sein.

5. Mangoldblätter, Rosinen und Safranwasser beifügen, mit Zimt, Salz und Pfeffer würzen, zudecken. Ca. 3–5 Minuten weiter garen, bis die Blätter zusammenfallen. Pinienkerne unterrühren, abschmecken, 1 Minute ziehen lassen. Servieren.

TIPPS

Weißbrot passt gut dazu.

Schmeckt auch gut kalt bzw. bei Raumtemperatur (dann mit 1 Spritzer Rotweinessig abschmecken und z.B. auf geröstetem Brot servieren).

Eignet sich auch als Pastasauce: kräftig abschmecken, evtl. mit fein geriebener Zitronenschale ergänzen, mit einigen EL Pastakochwasser verrühren und unter die Nudeln mischen. Die Menge reicht dann für 4 Personen.

VARIANTEN

Statt Mangold Spinat verwenden, kürzer garen.

Oft wird auch Knoblauch mitgegart. Dann den Safran weglassen.

Gebratener Kürbis mit Schalotten und schwarzen Oliven

Calabaza asada con chalotas y aceitunas negras

Ein perfektes Gericht für den Herbst: goldbraun gebratene Kürbiswürfel mit süßlichen Schalotten in würziger Sauce.

ZUTATEN FÜR 4

500 g kleine Schalotten (bevorzugt längliche, s. Bild)

1 feste Tomate (ca. 150-200 g)

5-6 Pimentkörner

¼ TL (ca. 20) schwarze Pfefferkörner

ca. 100 ml (8 EL) Olivenöl nativ extra

125 ml trockener Rotwein

50 ml (ca. 3 EL) Sherryessig (alternativ guter Rotweinessig)

1 Msp. ganzer Kreuzkümmel

1-2 (möglichst frische) Lorbeerblätter

1 Zweig Rosmarin

Salz

ca. 700 g Kürbis (Butternuss od. Hokkaido, benötigt werden ca. 500 g Fruchtfleisch)

etwas Weizenmehl zum Wenden

80 g entkernte schwarze Oliven (in Lake)

1. Schalotten schälen. Tomate halbieren, Strunk entfernen, Tomatenhälften auf einer Gemüsereibe reiben (dabei bleibt die Haut zurück). Piment- und Pfefferkörner im Mörser fein zerstoßen.

2. 3 EL Olivenöl in einer möglichst tiefen Pfanne erhitzen. Bei schwacher bis mittlerer Hitze ganze Schalotten ca. 4–5 Minuten anbraten.

3. Mit Rotwein und Sherryessig ablöschen. Tomatenpüree zugeben. Kreuzkümmel, Piment, Pfeffer, zerbrochenen Lorbeer und Rosmarinzweig zufügen. Leicht salzen. Weitere 8–10 Minuten zugedeckt köcheln lassen, bis die Schalotten weich sind und die Sauce etwas eingekocht ist.

4. Sobald die Schalotten in der Pfanne sind, Kürbis quer in 3 cm dicke Scheiben schneiden und schälen (bei Hokkaido ist das Schälen nicht notwendig, aber vorteilhaft). Kerne entfernen. Scheiben in mundgerechte Stücke schneiden, in Mehl wenden.

5. 5 EL Olivenöl in einer anderen weiten Pfanne erhitzen. Kürbiswürfel im heißen Öl 8–10 Minuten rundum goldbraun anbraten, leicht salzen. Mit einer Küchenzange aus der Pfanne nehmen und kurz auf Küchenpapier abtropfen lassen.

6. Kürbisstücke in die Schalottensauce legen. Oliven hinzufügen und alles noch einmal kurz erhitzen.

TIPP

Frisches Weißbrot passt gut dazu.

Kartoffelragout mit Gurken

Einbrennte Erdäpfel mit Gurken

Leichte, aber trotzdem pikante Spielart der Wiener „Einbrennten Hund", die immer schon dazu dienten, gekochte Kartoffeln zu verwerten.

ZUTATEN FÜR 4

- 1 Zwiebel
- 1 Knoblauchzehe
- 2 EL neutrales Pflanzenöl (z.B. Sonnenblumenöl oder Rapsöl)
- 1 EL Weizenmehl (D 550, Ö 700 glatt)
- ca. 70 ml Lake von eingelegten Gurken (Essiggurken)
- ca. 250 ml kalte Gemüsebrühe (S. 26)
- 800 g gekochte festkochende Kartoffeln
- 1 Salatgurke
- 8 eingelegte Gurken (Essiggurken)
- Salz
- weißer Pfeffer aus der Mühle
- 1 Prise gemahlener Kümmel
- 1 Prise Muskatnuss
- einige Zweige Dill

1. Zwiebel schälen, halbieren und klein schneiden, Knoblauch schälen und hacken. Beides in einem Topf in Öl anschwitzen, Mehl einstreuen. Kurz rösten, mit Gurkenlake ablöschen. Mit kalter Gemüsebrühe aufgießen und glattrühren. Aufkochen, ca. 20 Minuten kochen lassen.

2. Währenddessen Kartoffeln schälen und in dickere Scheiben schneiden. Gurke schälen, wenn die Kerne groß sind, entkernen. Gurke in Würfel schneiden. Essiggurken in ca. 0,5 cm dicke Scheiben schneiden.

3. Sauce mit Salz, Pfeffer, Kümmel und Muskatnuss würzen. Kartoffeln, Gurke und Essiggurken dazugeben. Nochmals gut aufkochen. Abschmecken.

4. Dill abzupfen, klein schneiden, unterrühren. Kartoffelragout anrichten.

TIPP

Schwarzbrot (Roggensauerteig- oder Mischbrot, am besten aus dem Holzofen) passt gut dazu.

VARIANTE

Senfgurken statt Essiggurken verwenden.

Weißkohl-Pfanne mit Bulgur und Chili

Bulgurlu kapuska

Ein typisches Rezept der traditionellen türkischen Küche. Aus wenigen Zutaten wird eine aromatische Köstlichkeit, die durch Granatapfelsirup, Chili und Minze Charakter bekommt.

1. Äußere Blätter des Weißkohls abtrennen und Strunk keilförmig herausschneiden. Kohl in 3–4 cm große Stücke schneiden, in einem Sieb waschen und abtropfen lassen.

2. Zwiebel schälen, würfeln und in 2–3 EL Olivenöl ca. 2 Minuten glasig anschwitzen. Salça und stückige Tomaten hinzufügen, 2 Minuten unter Rühren köcheln. Ca. 500 ml kochendes Wasser, Granatapfelsirup, Zucker und Salz dazugeben. Aufkochen lassen.

3. Weißkohl hinzufügen und wieder aufkochen.

4. Bulgur einstreuen, umrühren und mit geschlossenem Deckel bei geringer bis mittlerer Hitze 10–12 Minuten köcheln lassen.

5. Herd ausschalten, Bulgur mit Salz und Chili abschmecken, 3–4 EL Olivenöl einrühren und den Kohl mit geschlossenem Deckel 10 Minuten ruhen lassen.

6. Mit Chiliflocken und frischer Minze garnieren und lauwarm servieren. Nach Geschmack auf dem Teller noch etwas Olivenöl und Zitronensaft darüberträufeln.

ZUTATEN FÜR 4-6

1 kleiner Weißkohl mit weichen, dünnen Blättern (ca. 600 g)

1 große Zwiebel

ca. 100 ml (8 EL) Olivenöl nativ extra

1 EL Tomaten-Paprika-Mark (Salça)

200 g stückige Tomaten/Polpa

1 TL Granatapfelsirup

½ TL Zucker

1 TL Salz

100 g grober Bulgur

Chiliflocken (z.B. Pul Biber)

ein paar Zweige grüne Minze (Nana- oder marokkanische Minze, keine Pfefferminze)

Zitronenschnitze

TIPPS

Weißbrot dazu servieren.

Wird traditionell auch gekühlt serviert und eignet sich deshalb besonders gut zum Mitnehmen.

Geschmorter Lauch im Gemüsesaft mit Perlweizen

Sehr leichtes, unkompliziertes Herbstgericht aus heimischem Gemüse und Getreide. Der Herbstlauch macht dank seines kräftigen Geschmackes auch als Hauptdarsteller eine gute Figur.

ZUTATEN FÜR 4

500 ml Gemüsesaft (kein Rote-Rüben-Saft) oder Karottensaft
250 ml Gemüsebrühe (S. 26)
Salz
2 Zweige Salbei
2 (möglichst frische) Lorbeerblätter
300 g Perlweizen (vorgegarter, geschliffener Weizen) oder Weizenreis
2 dicke Lauchstangen (à ca. 400 g)
2-3 EL Sonnenblumen- oder Maiskeimöl
frische Kräuter (z.B. Majoran)
Salzflocken zum Bestreuen

1. Ofen auf 190 °C Ober-/Unterhitze vorheizen.

2. Gemüsesaft mit Gemüsebrühe, Salz, Salbei und zerbrochenen Lorbeerblättern aufkochen. Perlweizen dazugeben, einmal kurz aufkochen (Weizenreis aufkochen und ca. 15 Minuten zugedeckt kochen lassen).

3. Währenddessen Lauch längs halbieren, gründlich putzen und waschen, in größere Stücke teilen. Lauch in einen geölten Bräter geben. Im vorgeheizten Ofen bei ca. 190 °C ca. 10 Minuten braten.

4. Perlweizen oder Weizenreis inkl. Flüssigkeit darübergießen, weitere 10–15 Minuten schmoren. Der Lauch sollte weich, die Körner sollten bissfest sein.

5. Anrichten oder direkt im Bräter servieren, mit 1–2 EL Öl beträufeln, mit Kräutern garnieren und mit Salzflocken bestreuen.

TIPPS

Für den Gemüsesaft ca. 3 gelbe Rüben, 3 Karotten und 1 Knollensellerie entsaften.

Vor dem Servieren mit feinst geschnittener Salzzitronenschale oder grob gehackten gerösteten Haselnüssen bestreuen.

VARIANTEN

Statt Weizen Getreidereis (z.B. Einkorn, Emmer, Hafer) oder groben Bulgur verwenden, nach Packungsanweisung vorbereiten bzw. vorgaren, Garzeit auf den Lauch (braucht in Summe ca. 20-25 Minuten) abstimmen.

Statt Lauch passen auch Schwarzwurzeln (schälen, in Stücke schneiden, kurz in Salzwasser bissfest blanchieren) oder Topinamburen (schälen, in Stücke schneiden).

Winter

Orangen-Fenchel-Salat

Insalata di arance e finocchio

Die Kombination von intensivem, knackigem Fenchel mit saftigen, süß-sauren Orangen und einigen ergänzenden Aromen ist einfach perfekt.

ZUTATEN FÜR 3-4

1 dicke Fenchelknolle

50 g rote Zwiebel

ca. 1-2 TL Rotweinessig (Menge hängt von der Reife der Orangen ab)

Salz

schwarzer Pfeffer aus der Mühle

ca. 100 ml (8 EL) Olivenöl nativ extra, gerne sizilianisch, mit Charakter und Schärfe, kein zu fruchtig-mildes Öl

4 Orangen oder Blutorangen bester Qualität

1-2 EL schwarze Oliven in Öl mit Kern

gutes Weißbrot, am besten Weizensauerteigbrot oder Hartweizenbrot

1. Fenchel waschen, evtl. Fäden abziehen, Fenchelgrün aufheben. Fenchel der Länge nach vierteln, mit dem Messer sehr fein schneiden oder hobeln. Zwiebel schälen, halbieren und längs in feine Streifen schneiden.

2. Fenchel und Zwiebel mit Rotweinessig, Salz, reichlich Pfeffer und 6 EL Olivenöl mischen. 10 Minuten ziehen lassen.

3. Orangen waschen, trockentupfen, mit einem scharfen Messer zuerst oben und unten die Kappe bis zum Fruchtfleisch abschneiden, damit die Orangen gut stehen. Dann Schale von oben nach unten bis zum Beginn des Fruchtfleischs inkl. des weißen Albedo (Schicht zwischen Schale und Fruchtfleisch) abschneiden, Saft auffangen und zum Fenchel gießen. Orangen in 0,5 cm dicke Scheiben schneiden, evtl. Kerne entfernen, Orangen auf einer Platte oder Tellern arrangieren.

4. Fenchel nochmals behutsam mischen, abschmecken, auf den Orangen anrichten. Oliven darauflegen, Salat mit restlichen 1–2 EL Olivenöl beträufeln, mit Fenchelgrün garnieren, mit schwarzem Pfeffer bestreuen, mit Weißbrot servieren.

TIPP

Immer frisch zubereiten. Wenn der Salat länger oder gar über Nacht steht, wird der Fenchel weich und die Orangen verlieren Saft.

VARIANTEN

Geröstete, nur ganz grob gehackte Haselnüsse, Pistazien, Pinienkerne oder geröstete Mandelstifte oder -blättchen passen gut dazu.

Zitronen-Olivenöl schmeckt besonders gut in diesem Salat.

Rote-Rüben-Salat mit Orangen und Minze

Ensalada de remolacha con naranjas y menta

Zum süßlich-erdigen Aroma der Roten Rüben passt die fruchtige Säure der Orangen ausgezeichnet. Minzblättchen sorgen für angenehme Frische.

ZUTATEN FÜR 4

100 g rote Zwiebeln

450 g gegarte und geschälte Rote Rüben

750 g Orangen

2 EL grüne Pistazien oder mediterrane Pinienkerne

2 Zweige grüne Minze (Nana- oder marokkanische Minze, keine Pfefferminze)

FÜR DIE VINAIGRETTE

etwas Abrieb und gesamter Saft von 1 Orange (ca. 5-7 EL)

2 EL Sherryessig (alternativ guter Rotweinessig)

½ TL Salz

½ TL Anissamen

schwarzer Pfeffer aus der Mühle

4 EL mildes Olivenöl nativ extra

1. Zwiebeln schälen und sehr fein würfeln. Rote Rüben in 1 cm kleine Würfel schneiden. Zwiebeln und Rote Rüben in eine Schüssel geben.

2. Orangen waschen, trockentupfen, mit einem scharfen Messer zuerst oben und unten die Kappe bis zum Fruchtfleisch abschneiden, damit die Orangen gut stehen. Dann Schale von oben nach unten bis zum Beginn des Fruchtfleischs inkl. des weißen Albedo (Schicht zwischen Schale und Fruchtfleisch) abschneiden. Orangen in nicht zu dünne Scheiben schneiden, zu den Roten Rüben geben.

3. Für die Vinaigrette Orange waschen und trockentupfen, ca. ½ TL Schale mit einer Zestenreibe fein abreiben, Saft auspressen. Aus Orangensaft und -abrieb, Essig, Salz, Anissamen, Pfeffer und Olivenöl eine Vinaigrette rühren.

4. Über den Salat geben und vermischen. Ca. 15 Minuten ziehen lassen, damit sich die Aromen vermischen.

5. Pistazien oder Pinienkerne in einer Pfanne ohne Fett auf mittlerer Hitze unter häufigem Rütteln anrösten, bis sie zu duften beginnen und leicht bräunen. Minzblättchen zupfen und in feine Streifen schneiden. Salat auf Teller verteilen. Mit gerösteten Pistazien oder Pinienkernen und Minze bestreuen.

TIPP

Knuspriges Weißbrot passt gut dazu.

Weihnachtssalat

Insalata di natale

Traditionell wird dieser sizilianische Salat zu Weihnachten gegessen. Aber wozu sich auf ein Zeitfenster limitieren? Dieses kleine Festessen sollte man sich so oft wie möglich gönnen.

ZUTATEN FÜR 4

ca. 150 g Stangensellerie

1 Winterendivie (glatt, z.B. Eskariol und Lavata oder krausblättriger Frisée), entspricht ca. 4 Handvoll

1 Blutorange wie Tarocco, Moro oder Sanguinello (ersatzweise Blondorange)

1 milde Zitrone (am besten sizilianische oder Meyer-Zitrone)

1 Granatapfel

2 EL grüne Oliven

2 EL Kapern (in Lake)

4 EL Olivenöl nativ extra

Salz

1. Selleriestangen putzen, Fäden abziehen, Sellerie in 10 cm lange Stücke schneiden. Endivie putzen, abbrausen. Beide Gemüse nacheinander 2 Minuten in Salzwasser blanchieren, kalt abschrecken und beiseite stellen.

2. Oliven ggf. entkernen und klein schneiden.

3. Orange und Zitrone mit einem Messer so schälen, dass auch die weiße Haut entfernt wird (S. 136). Filetieren (d.h. die Filets mit einem sehr scharfen Messer zwischen den Häuten herausschneiden), dabei den Saft auffangen.

4. Granatapfel oben an den Kelchblättern rundherum mit einem kleinen Messer einschneiden, die Kappe abheben. Außen an den Stellen, an denen innen die weißen Häutchen verlaufen, mit dem Messer wie eine Orange einritzen. Granatapfel an der Öffnung mit beiden Daumen auseinanderbrechen. Kerne auslösen, helle Häutchen dabei entfernen.

5. Salat, Sellerie, Zitronen- und Orangenfilets auf Tellern anrichten, mit Oliven, Kapern und ca. 1 EL Granatapfelkernen pro Teller bestreuen. Mit Orangen- und Zitronensaft sowie Olivenöl beträufeln, nach Belieben salzen.

TIPPS

Zitrone weglassen, wenn keine passende erhältlich ist.

Restliche Granatapfelkerne halten gut verschlossen im Kühlschrank problemlos mehrere Tage.

Hartweizenbrot (z.B. Altamura-Brot) oder Weizensauerteigbrot passt gut dazu.

Topinambur-Pastinaken-Salat

Süßliche Wurzeln, aromatische Haselnüsse und kräftiger Liebstöckel: So fein frisch und trotzdem gehaltvoll kann ein winterlicher Salat schmecken.

ZUTATEN FÜR 4

3 EL ganze geröstete Haselnüsse (alternativ ungeröstete und selbst rösten, s. Tipps)

ca. 300-400 g feste, nicht zu große Pastinaken

ca. 300-400 g Topinamburen

1 Zweig Liebstöckel

Salz

2 EL frisch gepresster Zitronensaft

evtl. 1 Spritzer Estragonessig

3 EL Haselnussöl

1. Haselnüsse ggf. rösten (s. Tipps), lose Häutchen entfernen, Haselnüsse grob hacken.

2. Pastinaken und Topinamburen schälen, in Scheiben und dann in Streifen schneiden. Liebstöckel abzupfen und in feine Streifen schneiden (ca. 1 EL).

3. Wurzeln mit Salz, Zitronensaft, Essig, Öl, 2 EL Haselnüssen und dem Großteil des Liebstöckels vermischen. Ca. 10–15 Minuten marinieren.

4. Nochmals abschmecken. Anrichten, mit Liebstöckel und restlichem EL Haselnüssen garnieren.

TIPPS

Sauerteigbrot (Roggen- oder Mischbrot) dazu servieren.

Oder den Salat z.B. mit Kartoffelschmarren (S. 158) oder Kartoffelpuffern zu einer herbstlichen Hauptspeise kombinieren.

Haselnüsse selber rösten: Haselnüsse auf einem Blech mit Backpapier im vorgeheizten Ofen bei ca. 200 °C Ober-/Unterhitze (180 °C Umluft) unter öfterem Wenden/Rütteln rösten (ca. 8-10 Minuten), bis sie duften. Herausnehmen, noch heiß die Schalen (Häute) mit einem Geschirrtuch abreiben.

Linsensalat mit Avocado, Apfel und Ingwer

Ensalada de lentejas con aguacate, manzana y jengibre

Werden die würzigen Linsen und der säuerlich-saftige Apfel-Avocado-Salat getrennt verpackt, eignet sich dieses Gericht auch zum Mitnehmen.

ZUTATEN FÜR 4-5

FÜR DIE LINSEN

300 g kleine grüne oder braune Linsen (z.B. Pardina- oder Puy-Linsen) mit nicht zu langer Garzeit

4 Schalotten

2-3 cm frischer Ingwer

1 TL Schwarzkümmel (Nigella)

2-3 Zweige Thymian

Salz

schwarzer Pfeffer aus der Mühle

FÜR DEN SALAT

2 säuerliche Äpfel (ca. 250 g)

1 reife Avocado (am besten Hass-Avocado)

3-4 EL frisch gepresster Zitronensaft

1 Zwiebel (ca. 120 g)

2 Knoblauchzehen

3-4 cm frischer Ingwer

ca. 200 g abgetropfte eingelegte rote Paprika (gegrillte oder gebratene, gehäutete Paprika in Lake)

3 Zweige glatte Petersilie

1 Zweig grüne Minze

bestes Olivenöl nativ extra

1. Linsen in einem Sieb waschen, mit ca. 750 ml kaltem Wasser in einen Topf geben. Schalotten schälen und vierteln. Braune Haut vom Ingwer mit einem Kaffeelöffel abschaben. Ingwer mit Schwarzkümmel und Thymian zu den Linsen geben. Leicht salzen und pfeffern. Aufkochen, Hitze verringern und die Linsen zugedeckt ca. 15–25 Minuten köcheln, bis sie gar sind (ab 15 Minuten immer wieder probieren). Das Wasser sollte fast verkocht sein.

2. Während die Linsen kochen, für den Salat Äpfel schälen, achteln, Kerngehäuse entfernen. Fruchtfleisch in 1 cm dicke Würfel schneiden. Avocado längs rund um den Kern halbieren, durch Gegeneinanderdrehen der Hälften öffnen. Kern mit einem beherzten Schlag mit einer scharfen Messerklinge „greifen" und durch leichtes Drehen herauslösen. Schale abziehen. Fruchtfleisch in 1 cm dicke Würfel schneiden. Apfel- und Avocadowürfel in eine Schüssel geben und sofort mit Zitronensaft beträufeln, damit sie nicht braun werden. Zwiebel und Knoblauch schälen, Keim vom Knoblauch entfernen. Knoblauch und Zwiebel auf einer feinen Reibe in den Salat reiben oder fein schneiden. Braune Haut vom Ingwer mit einem Kaffeelöffel abschaben, Ingwer fein würfeln. Eingelegte Paprikaschoten abtropfen lassen. In 5 mm breite Streifen schneiden. Petersilie und Minze waschen, trockenschütteln, Blättchen abzupfen (Petersilie inkl. zarter Stängel) und grob hacken.

3. Ingwerwürfel, Paprikastreifen, Petersilien- und Minzblättchen zum Salat geben. Salzen, pfeffern und vorsichtig mischen.

4. Thymianzweige und Ingwer aus den Linsen nehmen. Linsen evtl. noch mit etwas Salz und Pfeffer abschmecken. Anrichten, je einige EL von dem Salat darübergeben. Etwas Olivenöl darüberträufeln.

Linsensalat mit Dijondressing

Salade des lentilles vertes du Puy

Herrlich herzhaft, frisch und knackig, eine willkommene Abwechslung im Winter. Traditionell werden die Gemüse mit den Linsen mitgegart, roh haben sie mehr Biss.

ZUTATEN FÜR 4

200 g grüne Puy-Linsen (oder andere grüne Linsen) mit nicht zu langer Garzeit

1 Knoblauchzehe

1 (möglichst frisches) Lorbeerblatt

1 Zweig Thymian

Salz

2 Karotten

1 Schalotte

1 säuerlicher, knackiger Apfel

3-4 EL frisch gepresster Zitronensaft

2 Chicorée

4-5 Zweige französischer Estragon

2 TL Dijonsenf

2 EL Rotweinessig

schwarzer Pfeffer aus der Mühle

4 EL Olivenöl nativ extra

4 EL Walnussöl bester Qualität

frisches, knuspriges Baguette

VARIANTEN

Wer keinen Estragon bekommt, kann statt des Rotweinessigs Estragonessig verwenden.

Stangensellerie oder Fenchel statt Chicorée verwenden.

1. Linsen in einem Sieb waschen, mit geschälter Knoblauchzehe, zerbrochenem Lorbeerblatt und Thymian in ca. 500 ml kaltem Salzwasser aufkochen, in ca. 15–20 Minuten zugedeckt leicht köchelnd bissfest garen. Abseihen, Knoblauch und Kräuter entfernen.

2. Während die Linsen kochen, Karotten und Schalotte schälen, fein würfeln. Apfel waschen, mit Schale in etwas größere Würfel schneiden, sofort mit etwas Zitronensaft beträufeln. Chicorée waschen, den Strunk knapp abschneiden, Chicorée längs halbieren, in 1 cm breite Streifen schneiden, mit dem Apfel mischen. Estragon waschen, trockentupfen, Blätter abzupfen.

3. Dijonsenf mit Rotweinessig, 1 EL Zitronensaft, Salz und Pfeffer verrühren, Öle energisch mit einem kleinen Schneebesen oder einer Gabel einrühren, bis eine Emulsion entsteht.

4. Linsen noch warm mit Dressing, Karotten und Schalotte gründlich mischen. Kurz überkühlen lassen, Apfel, Chicorée und Großteil des Estragons beifügen, abschmecken, mit Estragon garnieren. Mit Baguette servieren.

Rote-Rüben-Suppe

Kırmızı pancar çorbası

Ein Glück, dass es Rote Rüben auch gegart und geschält zu kaufen gibt. Für diesen türkischen Klassiker braucht man nämlich eine ganze Menge davon.

ZUTATEN FÜR 6–8

FÜR DIE SUPPE

400 g festkochende Kartoffeln
2 Karotten
2 Zwiebeln
1 Knoblauchzehe
1 kleines Stück (ca. 10–15 g) frischer Ingwer
2 EL Olivenöl nativ extra
1 l Gemüsebrühe (S. 26 oder Wasser)
1 (möglichst frisches) Lorbeerblatt
Salz
reichlich schwarzer Pfeffer aus der Mühle
1 Prise Muskatnuss
750 g gegarte und geschälte Rote Rüben

FÜR DIE GERÖSTETEN KICHERERBSEN

100 g gegarte Kichererbsen (S. 29 oder aus Dose/Glas, Abtropfgewicht)
2 EL Olivenöl nativ extra
1 Prise gemahlener Kreuzkümmel
1 Prise gemahlene Koriandersamen
1 Prise geräuchertes Paprikapulver
Salz

einige Zweige frischer Thymian
Weißbrot, am besten Pide, Pita-Brot (S. 24) oder Weizensauerteigbrot

1. Kartoffeln und Karotten schälen, waschen, klein würfeln. Zwiebeln und Knoblauch schälen, Zwiebeln halbieren, beides würfeln. Braune Haut vom Ingwer mit einem Kaffeelöffel abschaben, Ingwer reiben (ca. 1 TL).

2. In einem Topf in 1 EL Olivenöl zuerst Zwiebeln glasig anschwitzen, dann Knoblauch hinzufügen und glasig schwitzen. Ingwer, Kartoffeln und Karotten dazugeben. Ca. 2 Minuten anbraten. Gemüsebrühe oder Wasser angießen, zerbrochenes Lorbeerblatt hinzufügen, mit 1 TL Salz, Pfeffer und Muskatnuss würzen. Aufkochen und 15 Minuten zugedeckt kochen, bis Kartoffeln und Karotten weich sind.

3. Währenddessen Rote Rüben in kleine Stücke schneiden. In den Topf dazugeben und aufkochen.

4. Lorbeerblatt entfernen. Gemüse mit dem Mixstab gründlich pürieren. Falls die Suppe zu dickflüssig ist, etwas Wasser angießen. Kurz aufkochen lassen und 5 Minuten bei geringer Hitze zugedeckt köcheln lassen.

5. Kichererbsen in einem Sieb abspülen und dabei gut schwenken, damit sich möglichst viele der Häute lösen. Kichererbsen häuten (s. Tipp S. 29). In einer Pfanne mit 2 EL Olivenöl anbraten. Wenn sie anfangen leicht Farbe zu bekommen, mit den Gewürzen abschmecken. Nach 1–2 Minuten vom Herd nehmen und auf einem Teller überkühlen lassen.

6. Suppe mit einigen Kichererbsen und Thymian garnieren und mit frischem Brot servieren.

VARIANTE

Die Kichererbsen durch geröstete Sesamsamen ersetzen.

Kartoffel-Pilz-Suppe

Bramboracka

Kartoffelsuppe mit Pilzen gibt's überall in Mittel- und Osteuropa. Die tschechische Version ist kräftig-rustikal mit Majoran und Knoblauch gewürzt.

ZUTATEN FÜR 4-6

20-25 g getrocknete Steinpilze
100 g Zwiebeln
500 g festkochende Kartoffeln
150 g Karotten
50-70 g Lauch (nur vom hellen Teil)
3 EL neutrales Pflanzenöl (z.B. Sonnenblumenöl)
2 gehäufte EL Weizenmehl (Type D 550, Ö 700 glatt)
Salz
4 Pimentkörner
1 Gewürznelke
1 (möglichst frisches) Lorbeerblatt
1 Msp. gemahlener Kümmel
1-2 Knoblauchzehen
½ TL getrockneter Majoran
evtl. 1 kleiner Bund Schnittlauch oder TK-Schnittlauch
frisches oder 1-2 Tage altes Sauerteigbrot (Weizen/Roggen, gern mit Brotgewürzen wie Kümmel, Koriander, Fenchel), Salzstangen oder rustikale Brötchen mit Roggenanteil und Gewürzen

1. Pilze in ca. 250 ml warmem Wasser einweichen.

2. Zwiebeln schälen, halbieren und fein würfeln. Kartoffeln schälen und in ca. 1–1,5 cm große Würfel schneiden. Karotten schälen und in ca. 1 cm große Würfel schneiden. Lauch putzen, gründlich waschen und in ca. 1 cm große Stücke/Würfel schneiden.

3. In einem großen Topf Öl erhitzen. Zwiebeln darin auf mittlerer Hitze ein paar Minuten glasig anschwitzen. Mehl einstreuen, unter ständigem Rühren ca. 1 Minute hell/golden anschwitzen. Nach und nach unter Rühren mit dem Schneebesen mit 1,25 l kaltem Wasser aufgießen, glattrühren. Salz (vorerst ca. 1 TL), Piment, Nelke, zerbrochenes Lorbeerblatt und Kümmel dazugeben.

4. Pilze über dem Suppentopf abseihen. In kleinere Stücke schneiden, mit Kartoffeln, Karotten und Lauch zur Suppe geben. Aufkochen lassen und auf mittlerer Hitze zugedeckt ca. 15 Minuten köcheln lassen, bis die Gemüse gerade weich sind.

5. Knoblauch schälen, dazupressen, Majoran zwischen den Handflächen hineinrebeln. 1 Minute kochen lassen und mit Salz und, wer mag, Kümmel abschmecken. Evtl. Schnittlauch in feine Ringe schneiden. Nicht ganz frisches Brot toasten/rösten.

6. Suppe anrichten, evtl. mit Schnittlauch bestreuen, mit frischem oder getoastetem Brot oder Gebäck servieren.

TIPPS

Vor dem Servieren mit 1-2 EL Lake von eingelegten Gurken (Senf- oder Essiggurken, keine Salzgurken) abschmecken.

Hält im Kühlschrank 2-3 Tage und lässt sich gut aufwärmen.

VARIANTEN

Statt getrockneter zur Saison frische Steinpilze (200-250 g) verwenden.

Statt Schnittlauch grob geschnittene Petersilie oder wenig Liebstöckel verwenden.

Pancotto

Das können sie in Italien: mal opernhaft auftischen, mal demütig tafeln. Diese frugale Mahlzeit ist ein Beispiel für Letzteres. Dass sie so fantastisch gut schmeckt, empfindet man als umso größeres Glück.

1. Stängelkohl abbrausen, trockentupfen und klein schneiden. Knoblauch schälen und fein schneiden. Chili ohne Stiel in feine Ringe schneiden oder zerbröseln.
2. In einer Schwenkpfanne Olivenöl erhitzen und mit Knoblauch und Chili kurz aromatisieren. Gemüse dazugeben und zugedeckt 10 Minuten zusammenfallen lassen.
3. Mit einer Tasse Wasser strecken, salzen, pfeffern und weitere 10 Minuten zugedeckt weich garen.
4. Brotstücke in Teller verteilen, Gemüse und Sud darauf verteilen. 2 Minuten warten, bis sich das Brot mit der aromatischen Flüssigkeit vollgesogen hat. Perfekt ist es, wenn die Krume weich und die Kruste beim Beißen noch etwas widerspenstig ist. Nach Belieben Olivenöl darüberträufeln und pfeffern.

ZUTATEN FÜR 4

500 g Cime di rapa (Stängelkohl)

1 Knoblauchzehe

1 kleine Chilischote, frisch oder getrocknet, oder Chiliflocken

ca. 100 ml (8 EL) Olivenöl nativ extra + Öl zum Beträufeln

Salz

schwarzer Pfeffer aus der Mühle

4 oder mehr Scheiben (oder grobe Brocken) altbackenes, aber noch nicht hartes Weißbrot

schwarzer Pfeffer aus der Mühle

VARIANTEN

Anderes vorwiegend bitteres Gemüse verwenden wie Löwenzahn oder Catalogna.

Oder 4 Kartoffeln mit (möglichst frischem, zerbrochenem) Lorbeerblatt und Knoblauch in Salzwasser sehr weich kochen, wässrig über das Brot geben und mit Olivenöl beträufeln.

Orecchiette mit Stängelkohl

Orecchiette e broccoletti

Ob man Stängelkohl nun Cime di rapa oder Broccoletti nennt: Kein Gericht ist tiefer in Apulien verwurzelt als diese erschreckend simple, erstaunlich schmackhafte Pasta.

ZUTATEN FÜR 4-5

500 g Cime di rapa (Stängelkohl)

Salz

500 g Orecchiette

1 kleine Chilischote, frisch oder getrocknet, oder Chiliflocken

1 Knoblauchzehe

ca. 100 ml (8 EL) Olivenöl nativ extra

schwarzer Pfeffer aus der Mühle

FÜR DIE KNUSPRIGEN BRÖSEL (MOLLICA FRITTA)

150 g Weißbrotbrösel (am besten selbst aus altbackenem/hartem Weißbrot gerieben)

3 EL Olivenöl nativ extra

1. Stängelkohl in einzelne Stängel teilen, waschen, abtropfen und mit 4, 5 Schnitten grob zerteilen. Evtl. vorhandene Röschen ganz lassen. In siedendem Salzwasser 5 Minuten blanchieren, mit einem Schaumlöffel abschöpfen und in einer Schüssel bereitstellen.

2. Orecchiette in siedendem Salzwasser nach Packungsanweisung bissfest garen.

3. Für die knusprigen Brösel Weißbrotbrösel in einer Pfanne in 3 EL Olivenöl bei mittlerer Hitze unter häufigem Rühren geduldig haselnussbraun rösten.

4. Chili ohne Stiel fein hacken oder zerbröseln, Knoblauch schälen und hacken.

5. In einer weiten Bratpfanne 8 EL Olivenöl erhitzen und mit Chili und Knoblauch bei sanfter Hitze aromatisieren. Stängelkohl dazugeben, 1 Minute bei mittlerer Hitze durchschwenken, salzen und pfeffern.

6. Orecchiette abgießen, mit dem Stängelkohl mischen, anrichten, mit knusprigen Bröseln bestreuen und sofort servieren. Restliche Brösel auf den Tisch stellen und nach Geschmack ergänzen.

VARIANTEN

Etwas milder wird das Gericht, wenn man den Stängelkohl zusammen mit den Orecchiette kocht, gemeinsam abschöpft und mit Olivenöl und nach Belieben mit Pfeffer oder Chili würzt.

Stängelkohl ohne Orecchiette wie beschrieben zubereiten und auf Bruschetta oder cremiger Polenta (S. 107) servieren.

Polenta mit Schwarzkohl

Polenta al cavolo nero

Ein sehr einfaches, aber köstliches Gericht für kalte Tage aus der Toskana. Zum Glück ist Schwarzkohl (Cavolo nero) auch bei uns immer öfter zu bekommen.

ZUTATEN FÜR 2-3

500 g Schwarzkohl (Cavolo nero)

50 g Karotte

50 g Zwiebel

50 g Stangensellerie

Salz

4 EL Olivenöl nativ extra (möglichst kräftig-grasiges, ideal toskanisches) + Öl zum Beträufeln

100 g mittelgrobe Polenta (Maisgrieß, keine Instantpolenta)

1 Knoblauchzehe

getrocknete Chiliflocken

1. Schwarzkohl von den Stielen streifen (Stiele entsorgen). Karotte und Zwiebel schälen, Sellerie putzen. Alle drei fein würfeln.

2. In einem weiten Topf Salzwasser für den Schwarzkohl zum Kochen bringen.

3. Gemüse in einem weiteren Topf in 2 EL Olivenöl ohne Farbe anschwitzen und salzen. 700 ml Wasser dazugeben, aufkochen. Polenta einrieseln lassen und ca. 10–15 Minuten unter mehrmaligem Rühren auf mittlerer bis kleiner Flamme köcheln lassen. Die Polenta soll cremig, weder wässrig noch zu dick sein.

4. Während die Polenta kocht, Schwarzkohl im Salzwasser ca. 7–8 Minuten blanchieren, bis die zarten Rippen weich werden, die Blätter aber noch nicht ganz zusammensacken. Abseihen und gut abtropfen lassen.

5. In einer Pfanne restliche 2 EL Olivenöl auf mittlerer Hitze erhitzen, Knoblauch schälen, im Ganzen einlegen und im Öl „spazieren führen", er darf nicht dunkel werden. Etwa die Hälfte des abgetropften Schwarzkohls grob hacken und zur Polenta geben. Andere Hälfte ohne Zerkleinern in die Pfanne geben (Knoblauch entfernen) und kurz 1–2 Minuten unter Schwenken braten, mit Salz abschmecken.

6. Polenta abschmecken, in tiefen Tellern anrichten, gebratenen Schwarzkohl daraufgeben, mit Chili bestreuen, mit Olivenöl beträufeln.

TIPP

Falls Polenta übrigbleibt, knusprig braten (s. Tipp S. 107).

VARIANTEN

Schmeckt auch mit anderen Kohlarten, z.B. Grünkohl oder Wirsing.

Gebratene Kichererbsen mit Fenchel und Orange

Garbanzos salteados con hinojo y naranja

Ein schönes und ganz einfach zubereitetes Beispiel für die neue spanische Küche, die traditionelle Zutaten modern kombiniert.

ZUTATEN FÜR 3-4

1-2 Fenchelknollen (ca. 400 g)
2 Orangen
ca. 300 g gegarte Kichererbsen (S. 29 oder aus Dose/Glas, Abtropfgewicht)
3-4 EL Olivenöl nativ extra
Salz
Chiliflocken (z.B. Pul Biber)

1. Fenchel putzen und in ca. 4 mm dicke Scheiben schneiden. Orangen mit einem Messer so schälen, dass auch die weiße Haut entfernt wird (S. 136). Orangen in 3–4 mm dicke Scheiben schneiden. Kichererbsen in einem Sieb abspülen und dabei gut schwenken, damit sich möglichst viele der Häute lösen. Kichererbsen häuten (s. Tipp S. 29).

2. Eine Pfanne (am besten eine Grillpfanne) mit 1–2 EL Olivenöl erhitzen. Fenchelscheiben leicht salzen und von beiden Seiten je 4–5 Minuten anbraten, bis sie leicht gebräunt sind. Herausnehmen. Orangenscheiben ebenfalls leicht salzen, von beiden Seiten je 3–4 Minuten anbraten, bis sie ganz leicht gebräunt sind. Herausnehmen.

3. Wenn nötig, etwas Olivenöl in die Pfanne geben. Kichererbsen in der Pfanne goldbraun anbraten. Mit Chili und Salz leicht würzen.

4. Fenchel und Orangenscheiben zum Erwärmen nochmal kurz zu den Kichererbsen in die Pfanne geben.

5. Fenchel- und Orangenscheiben auf einen Teller oder eine Platte legen. Kichererbsen darüber verteilen. Großzügig mit Olivenöl beträufeln.

TIPP

Frisches Weißbrot passt gut dazu.

Kartoffel-Erbsen-Curry

Aloo matar

Dieser Klassiker aus der nordindischen Region Punjab, ein mildes, fruchtiges Curry mit Tomatensauce, geht ganz einfach und schnell.

ZUTATEN FÜR 4

500 g festkochende Kartoffeln
1 große Zwiebel
2 Knoblauchzehen
1 kleines Stück (ca. 10-15 g) frischer Ingwer
3 EL neutrales Pflanzenöl
1 TL ganzer Kreuzkümmel
½ TL gemahlenes Kurkuma
¼-½ TL Chilipulver
Salz
ca. 400 g stückige Tomaten/Polpa
ca. 150 g TK-Erbsen
1 gehäufter TL Garam Masala (nach Geschmack auch mehr)
½ Bund Koriander

1. Kartoffeln waschen, schälen, in ca. 2–3 cm große Stücke schneiden. Zwiebel schälen, halbieren und fein würfeln. Knoblauch schälen. Vom Ingwer mit einem kleinen Löffel die braune Schale abschaben. Ingwer fein reiben (ca. 1 TL).

2. In einem nicht zu kleinen Topf Öl erhitzen, Kreuzkümmel darin ½ Minute unter Rühren rösten, bis er zu duften beginnt. Zwiebel beifügen, 2–3 Minuten auf mittlerer bis hoher Flamme unter Rühren glasig anschwitzen. Knoblauch dazupressen, Ingwer, Kurkuma, Chilipulver und 1 TL Salz beifügen, verrühren. Stückige Tomaten und ca. 250 ml Wasser dazugeben. Kartoffelwürfel in die Sauce geben.

3. Aufkochen. Auf mittlerer Flamme ca. 15 Minuten zugedeckt köcheln lassen. Die Kartoffeln sollen fast fertig sein.

4. Tiefgefrorene Erbsen und Garam Masala ins Curry rühren. Weitere 5 Minuten zugedeckt garen, bis Kartoffeln und Erbsen weich sind. Mit Salz, Garam Masala und evtl. Chilipulver abschmecken.

5. Koriander waschen, trockentupfen, Blätter mitsamt zarter Stängel abzupfen, aufs Curry streuen.

TIPPS

Frisches Chapati (vom Inder des Vertrauens) oder Basmatireis (S. 22) passt gut dazu. Diesen dann zuerst zubereiten.

Man kann auch nur die Hälfte der Tomaten verwenden, dann mit mehr Wasser ausgleichen. Die Sauce wird etwas dünnflüssiger und die Gewürze kommen stärker zur Geltung.

Kartoffelschmarren mit Kohlrabi und Kräuteröl

Erdäpfelschmarrn mit Kohlrabi und Kräuteröl

Braucht ein wenig Geduld beim langsamen Braten, schmeckt dann aber gut gebräunt umso besser.

ZUTATEN FÜR 4

1 kg gekochte mehlige Kartoffeln (z.B. Goldsegen, Bintje, Agria, Desiree rotschalig)

2 Zwiebeln

2 Kohlrabi

6-7 EL neutrales Pflanzenöl (z.B. Rapsöl oder Sonnenblumenöl)

Salz

1 Prise ganzer oder gemahlener Kümmel

1 Zweig Thymian

FÜR DAS KRÄUTERÖL

ein paar Zweige Thymian

ein paar Nadeln Rosmarin

evtl. 1 Mini-Paprika

1 Schalotte

4 EL kalt gepresstes Sonnenblumenöl

1. Kartoffeln schälen, mit dem Kartoffelstampfer grob zerdrücken.
2. Zwiebeln schälen und klein schneiden. Kohlrabi schälen, in messerrückendicke Scheiben schneiden.
3. In einer großen beschichteten Pfanne 4–5 EL Öl erhitzen, Kartoffeln bei kleiner Flamme langsam knusprig braten, Zwiebeln hinzufügen und weiterbraten, bis sie Farbe annehmen. Salzen, Kümmel beifügen. Braun anrösten, d. h. erst wenn die Unterseite gebräunt ist, wenden. Abschmecken.
4. Gleichzeitig mit den Kartoffeln in einer zweiten Pfanne Kohlrabischeiben in restlichen 2 EL Öl beidseitig langsam weich braten. Salzen.
5. Für das Kräuteröl Thymianblättchen zupfen und gemeinsam mit den Rosmarinnadeln fein hacken (je ½ TL). Evtl. Paprika putzen und ohne Strunk und Kerne sehr klein schneiden (1 TL). Schalotte schälen und sehr klein schneiden. Alle Zutaten für das Öl vermischen, nach Möglichkeit 10 Minuten ziehen lassen.
6. Kohlrabi mit Kartoffelschmarren anrichten. Mit Kräuteröl beträufeln, mit gezupften Thymianblättchen garnieren.

VARIANTEN

Statt Kohlrabi Topinambur-Pastinaken-Salat S. 142 oder mit Apfel und Zwiebel gegartes Sauerkraut (Gabelkraut) oder gebratene Zucchinischeiben dazu servieren.

Register

Enthält alle deutschen Rezept- und Teilrezeptnamen alphabetisch gereiht sowie alle originalsprachlichen Rezeptnamen. Bei gleichem originalsprachlichem und deutschem Titel ist nur der originalsprachliche verzeichnet.

Zusätzlich sind alle deutschen Rezeptnamen nach Hauptzutaten geordnet angeführt. Deutsche Rezepttitel, die mit einer Zutat beginnen, finden Sie unter dieser (z.B. „Avocado-Toast" unter „Avocado").

Originalsprachliche Namen sind *kursiv*, Zutaten in fetten **GROSSBUCHSTABEN** gesetzt.

Bei deutschen Titeln steht VA für Rezepte, die sich in Varianten zu anderen Rezepten finden, TI für Rezepte in Tipps.

A

B

M

N

O

P

T

W

Y

Z

Glossar

BALSAMICO
Aceto Balsamico Tradizionale di Modena DOP ist eine geschützte Ursprungsbezeichnung für hochwertigen, zähflüssigen, traditionell hergestellten, eingekochten und viele Jahre gereiften Mostessig aus der Region Modena in Italien. In den Rezepten in diesem Buch muss es nicht dieser echte Stoff sein, der eher pur als Delikatesse genossen wird. Hier ist guter, dunkler, aber dünnflüssiger Aceto Balsamico gemeint, egal ob aus Modena, Reggio Emilia oder anderen Regionen. Den erkennt man daran, dass er genau zwei Zutaten enthält, und zwar in dieser Reihenfolge: (gekochten) Traubenmost und Weinessig.

Weißer Balsamico darf eigentlich nicht so bezeichnet werden, er heißt offiziell Condimento bianco und besteht aus Weißweinessig und hellem Traubenmost. Mit seiner milden Süße und seinem zurückhaltenden Aroma ist er ein Universaltalent, das sich auch als Ersatz für Reisessig und sehr gut zum Ansetzen von Kräuter- und Blütenessig eignet.

CHIPOTLE-CHILIPULVER
Wird aus über Mesquite-Holz geräucherten (üblicherweise reifen) Jalapeño-Chilischoten hergestellt und stammt aus Mexiko. Er hat eine vergleichsweise moderate Schärfe, gepaart mit unverwechselbarem Aroma und der intensiven Räuchernote. Es gibt ihn in gut sortierten Gewürzläden und online. Stattdessen kann man z.B. spanischen Räucherpaprika → Pimentón de la Vera verwenden.

GRANATAPFELSIRUP
Wird oft auch als Granatapfelmelasse oder Granatapfeldicksaft bezeichnet und schmeckt süß-sauer aromatisch. Etikett genau lesen: Wichtig sind 100 % Granatapfel, weder Zucker noch Aromen noch Konservierungsstoffe. Am ehesten wird man im türkischen Supermarkt oder online fündig, dort heißt er „Nar ekşisi“.

Man kann Granatapfelsirup auch selbst machen, indem man guten 100-%-igen Granatapfelsaft sirupartig einkocht. Geöffnet im Kühlschrank lagern.

MIRIN
Eine Art Likör aus fermentiertem Klebreis, unverzichtbares Würzmittel in der japanischen Küche. Es gibt einfachen Mirin und Mikawa Mirin (Hon Mirin). Letzterer ist, wann immer verfügbar, zu bevorzugen.

Mirin kann nicht 1:1 durch Sake oder chinesischen Reiswein ersetzt werden, weil er süßer und eigenständiger im Aroma ist. Notfalls (süßen) Marsala oder etwas gesüßten Sake verwenden. Mirin ist im Bioladen und online erhältlich und hält mehrere Monate im Kühlschrank.

PEKMEZ
Türkischer Traubendicksaft oder Traubenmelasse, sollte keine anderen Zutaten enthalten. Süßt intensiv und ist in der Türkei kombiniert mit → Tahin auch ein sehr beliebter Brotaufstrich (s. auch Frühstück S. 20).

Kann in vielen Rezepten durch anderen Dicksaft/Sirup (Apfel, Johannisbrot, Dattel, Birne ...) oder auch Ahornsirup (mit deutlich anderem Eigengeschmack) ersetzt werden.

PIMENTÓN DE LA VERA
Herkunftsgeschützter spanischer über Eichenholz geräucherter Paprika aus der Extremadura in Pulverform, den es dulce (süß), agridulce (pikant) und picante (scharf) in Blechdosen gibt.

Kann durch anderen Räucherpaprika (z.B. → Chipotle-Chilipulver) ersetzt werden, aber immer vorsichtig dosieren, weil Schärfe und Intensität des Räuchergeschmackes stark variieren können.

PUL BIBER
Türkische Bezeichnung für getrocknete und zerstoßene milde oder scharfe Chiliflocken. Gehört in türkischen Restaurants und Imbissen neben Salz und Pfeffer zu den üblichen Tischgewürzen und ist in jedem türkischen Supermarkt, gut sortierten Gewürzläden und online erhältlich. Beste Qualität enthält weder Salz noch Öl.

REISESSIG, HELL

Japanischer Reisessig ist meist klar und selten in Bio-Qualität zu finden. Der sogenannte „Genmai Su" aus Vollkornreis jedoch schon, er hat eine goldgelbe Farbe und mehr Eigengeschmack. Reisessig wird mit Hilfe des Schimmelpilzes Koji (Aspergillus oryzae) hergestellt. Der Unterschied von Reisessig zu Obst- oder Weinessig: Er säuert milder und „neutraler".

Wer ihn nicht bekommt, kann ersatzweise weißen → Balsamico (Condimento bianco) verwenden.

Reisessig schmeckt auch in Salatdressings, zum Abschmecken von Saucen und für Pickles aller Art.

REISWEIN

Reiswein ist eine wichtige Zutat in vielen asiatischen Ländern. Er wird ähnlich wie Bier gebraut, daher ist die deutsche Bezeichnung eigentlich falsch. Er schmeckt ähnlich (oxidativ) wie Sherry und kann auch durch diesen ersetzt werden. Reiswein ist aber nicht teuer und in der chinesischen Ausprägung in jedem Asiashop zu bekommen, außerdem hält er im Kühlschrank monatelang. Es lohnt sich daher, eine Flasche auf Vorrat zu haben. Einfacher japanischer Sake kann genauso verwendet werden.

SCHWARZKÜMMEL

Schwarzkümmel (Nigella sativa) kann weder durch gewöhnlichen, heimischen Kümmel noch durch Kreuzkümmel ersetzt werden. Es handelt sich um drei sehr unterschiedlich schmeckende Gewürze von nicht verwandten Pflanzen. Auch die manchmal verwendeten Bezeichnungen Zwiebelsamen oder schwarzer Kreuzkümmel sind falsch. Um Verwechslungen auszuschließen, wäre es sinnvoller, sich auf Nigella zu verständigen. Die mattschwarzen Körner duften kaum, sind aber sehr aromatisch, leicht scharf, zart bitter, herb-krautig an Oregano erinnernd und sesamartig nussig. Er ist ein im Nahen Osten extrem beliebtes Brotgewürz, wird häufig vor dem Backen auf Fladenbrot gestreut und als Gewürz für Salate, Getreidegerichte und Hülsenfrüchte verwendet.

SEIDENTOFU S. TOFU

SOJASAUCE

Sojasauce wird aus mithilfe des Schimmelpilzes Koji (Aspergillus oryzae) natürlich fermentierten Sojabohnen und Salz hergestellt, oft auch unter Zusatz von Weizen. In Japan, aber auch in anderen Ländern wie China, Korea und Indonesien, gibt es unzählige Qualitäten. Sie schmeckt immer würzig und umami, dabei mehr oder weniger salzig. Für die Rezepte in diesem Buch eignet sich am besten eine natürlich gebraute, unpasteurisierte helle Bio-Shoyu (klassisch aus Soja und Weizen), als „helle japanische Sojasauce" in der Zutatenliste. Wenn dort nur „Sojasauce" steht, dann ist die genaue Art und Herkunft der Sauce nicht so wichtig. Allerdings kann der Salzgehalt sehr schwanken, also immer vorsichtig würzen. Mittlerweile werden in Europa sehr erfolgreich überwiegend Bio-Saucen aus z.B. Soja, Weizen, Einkorn, Kürbiskernen, Lupinen etc. nach japanischem Vorbild hergestellt. Alle im Kühlschrank lagern. Dort sind sie monatelang haltbar.

SUMACH

Wird auch als Gerber-Sumach oder Gewürz-Sumach bezeichnet. Das fruchtig-intensive säuerliche Gewürz wird vor allem in der türkischen, persischen und arabischen Küche sehr geschätzt und großzügig zum Schluss über Speisen gestreut. Die Steinfrüchte des Gewürzsumachbaums werden dafür häufig mit Salz vermahlen. Deshalb das Etikett lesen und beim Salzen der Speise Vorsicht walten lassen. Sumach kann man im Asiashop oder – mittlerweile auch in Bio-Qualität – in gut sortierten Gewürzläden und online kaufen.

TAHIN

Paste aus gemahlenem Sesam. In den nahöstlichen Küchen unverzichtbar. Es gibt enorme Qualitätsunterschiede. Üblicherweise wird dafür Sesam (als Bester gilt Humera aus Äthiopien) geschält und leicht geröstet. Gutes Tahin ist dickflüssig bis cremig, schmeckt intensiv nussig und aromatisch, nur ganz leicht bitter, keinesfalls muffig oder extrem bitter. Meist setzt sich auch bei den cremigeren Produkten Öl oben ab, deshalb vor dem Verwenden mit einem sauberen, schmalen Löffel gründlich aufrühren. Gibt's in Bio-Qualität in jedem Bioladen und Supermarkt. Besser nicht im Kühlschrank aufbewahren, weil

Tahin dort sehr fest und schwer zu dosieren wird.

Mit → Pekmez vermischt (s. auch Frühstück S. 20) wird ein in der Türkei beliebter Brotaufstrich daraus.

TOFU

Wird aus geronnenem Soja-Eiweiß aus Sojamilch erzeugt und hat eine jahrtausendealte Geschichte in China, Japan, Korea, Vietnam und Thailand. Es gibt verschiedene Arten von ungewürztem Tofu, z.B. glatten, weichen Seidentofu (der sich auch für Dressings (S. 60) und Desserts (s. S. 21, Nachspeisen) eignet) oder festen Tofu, darüber hinaus gewürzten, geräucherten, gebratenen oder (bei uns noch selten) frittierten Tofu. Die meisten sind im Bioladen zu finden. Die Qualität des bei uns in Europa erhältlichen Tofus reicht zwar von Geschmack und Textur noch nicht an jene in Asien oft tagesfrisch angebotenen heran, aber das Angebot wird immer besser.

ZATAR

Auch Za'atar geschrieben. Meint sowohl verschiedene mediterrane Varietäten der Lippenblütler-Familie, z.B. syrischer Majoran, wilder Thymian, libanesischer Oregano, als auch die daraus bestehende Gewürzmischung mit üblicherweise Sesam, → Sumach und Salz, s. Tipp S. 58.

Zatar passt in pikante Backwaren und Teige und wird oft mit Olivenöl zu einer dicken Paste gerührt, mit der man Fladenbrote vor dem Backen im Ofen bestreichen kann.

Literatur

Es gibt mittlerweile sehr viele vegane Kochbücher, und es erscheinen nach wie vor unzählige pro Saion. Aber nur wenige davon folgen einem ähnlichen Prinzip wie dieses bzw. wie meine zwei Kochbücher „Immer schon vegan“ und „Immer wieder vegan“: traditionell rein pflanzliche Rezepte ohne Ersatzprodukte vorzustellen.

Die folgenden Bücher enthalten entweder ausschließlich oder überwiegend, dann jedenfalls als vegan gekennzeichnete, Rezepte und kommen großteils ohne Ersatzprodukte oder Imitate von tierischen Produkten aus.

Anderson, Tim: Japan easy vegan – Klassische und moderne vegane japanische Rezepte, Südwest Verlag 2021.

Gill, Romy: Vegan Recipes from India, Seven Dials 2019.

Hayden, Georgina: Nistisima – The secret to delicious vegan cooking from the Mediterranean and beyond, Bloomsbury 2022.

Hunt, Tom: Essen für die Zukunft – Mit über 80 Rezepten: pflanzlich, abfallfrei, klimaschonend, DuMont 2020.

Ivić, Paul: Restlos glücklich – klimafreundlich, nachhaltig, vegetarisch & vegan, Brandstätter 2021.

Nagahama, Risa; Lehmann, Joerg: Easy Peasy – Einfach kochen mit 2 bis 8 Zutaten, Callwey 2017.

Razavi, Parvin: Vegan Oriental, Neun Zehn Verlag 2015.

Sodha, Meera: Asien vegetarisch – 120 Rezepte von Mumbai bis Peking, Dorling Kindersley Verlag 2020.

Sodha, Meera: Indisch vegetarisch – 130 schnelle & einfache Rezepte für jeden Tag, Dorling Kindersley Verlag 2017.

Terry, Bryant: Vegetable Kingdom – The abundant world of vegan recipes, Ten Speed Press 2020.

Dank

Danke an die Autorinnen und Autoren der Bücher meiner Vegetarisch-Reihe, die eine Grundlage für diesen Band bildeten: Claudio Del Principe, Orkide und Orhan Tançgil, Oliver Trific und Margit Kunzke; an die Fotografinnen und Fotografen (und deren Teams) meiner beiden „gelben“ veganen Bücher und der Vegetarisch-Reihe: Vanessa Maas, Thomas Apolt, Claudio Del Principe, Erman Doğan, Ulrike Holsten und Günter Beer; und an das visuelle Mastermind aller genannten Bücher: Miriam Strobach. Unvergessen und kulinarisch, fachlich und freundschaftlich vermisst bleibt Meinrad Neunkirchner, mein Co-Autor von u.a. „Österreich vegetarisch“, der leider viel zu früh gestorben ist. Ohne euch alle könnte es dieses Buch nicht geben.

Danke an das Team Brandstätter, es ist jedes Mal eine Freude, mit euch gemeinsam etwas Neues auszuhecken. Allen voran Stefanie Neuhart und Niki Brandstätter, Alexandra Traxler, Franz Schaffer, Friederike Harr, Anna Klaus, Horst Grabensberger, Petra Rosenblattl, Stefanie Hager, Florian Frei und all jene Satelliten, mit denen ich oft nicht so viele Berührungspunkte habe, die aber zum reibungslosen Betrieb dieses nun schon 40 Jahre bestehenden Wiener Verlages beitragen.

Danke an Johanna Kurz, die Brandstätter-Grafikerin, die ihrem ersten Kochbuch einen frischen, freundlichen, einladenden und gut lesbaren Charme verliehen hat – und die schönste gold-blaue Frühlingszwiebeltapete, die je aus einer Wiener (Verlags-)Werkstatt gekommen ist.

Danke an meine Partnerin in Wortklauberei-Crime, Lektorin Else Rieger, dieses ist unser 16. gemeinsames Projekt, und wir haben bei jedem neuen den Anspruch, noch besser für unsere Leserinnen und Leser zu werden: praktischer, logischer, klarer. Was besonders wichtig ist, wenn es, wie in diesem Buch, um schnelle Küche geht.

Und Danke an Sie, liebe Leserinnen und Leser, denn ohne Ihre Begeisterung für meine Bücher und den Mut, damit gemeinsam auf neuen, oft unbekannten, jedenfalls von vielen Pflanzen gesäumten kulinarischen Wegen zu spazieren, würde es auch dieses Buch nicht geben.

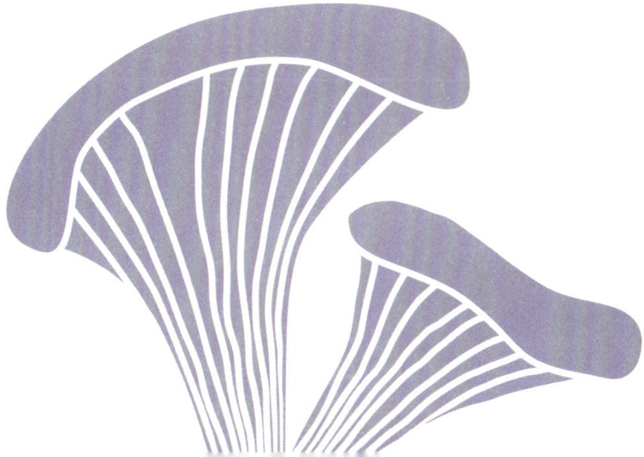

Team

Für dieses Buch wurden schnelle und immer schon rein pflanzliche Rezepte aus sieben Büchern verwendet, deren Autorin, Co-Autorin oder Herausgeberin Katharina Seiser ist. Sie hat die Rezepte für dieses Buch überarbeitet. Die beiden „gelben" Bücher sind rein pflanzlich, die fünf aus der Reihe „Vegetarische Länderküche" vegetarisch, aber mit einem großen Anteil veganer Rezepte, die in den Registern gekennzeichnet sind.

Katharina Seiser

ISBN 978-3-85033-856-1

S. 42, 48, 62, 66, 72, 86, 118, 126, 136, 146, 157

Katharina Seiser

ISBN 978-3-7106-0462-1

S. 32, 38, 40, 44, 46, 50, 52, 54, 70, 77, 78, 100, 110, 122, 150, 154

Katharina Seiser, Meinrad Neunkirchner

ISBN 978-3-85033-643-7

S. 37, 53, 92, 94, 95, 98, 104, 106, 119, 120, 130, 132, 142, 158

Claudio Del Principe

ISBN 978-3-85033-806-6

S. 47, 76, 88, 96, 99, 107, 116, 140, 151, 152

Orkide & Orhan Tançgil

ISBN 978-3-85033-915-5

S. 34, 36, 58, 114, 131, 148

Oliver Trific

ISBN 978-3-7106-0025-8

S. 60, 74, 84, 89, 90, 112

Margit Kunzke

ISBN 978-3-7106-0164-4

S. 64, 68, 80, 102, 124, 128, 138, 144, 156

KATHARINA SEISER
Konzept und Text

Die geborene Oberösterreicherin lebt in Wien und schreibt leidenschaftlich gern übers Essen. Die Journalistin, Köchin und Kommunikationswissenschaftlerin ist Autorin des Bestsellers „Immer schon vegan“, Co-Autorin und Herausgeberin von 18 Kochbüchern, z.B. der Erfolgsreihe Vegetarische Länderküche (Österreich, Deutschland, Italien, Türkei, USA, Spanien vegetarisch) und der Jahreszeiten-Kochschule.

Ihr Wissen und ihre Begeisterung gibt sie auch als Kolumnistin, in Kochworkshops und Verkostungen sowie als Kulinarik-Expertin im TV weiter. Sie ist kompromisslos, was Geschmack und Zutaten betrifft. Ein veganes Kochbuch wollte sie nie schreiben. Das ist ihr drittes.

esskultur.at

ELSE RIEGER
Lektorat

Die deutsche Wahlwienerin liebt die Arbeit mit Menschen und mit Sprache. An Kochbüchern schätzt sie die Herausforderung, Wissen und Handlungsanleitungen bestmöglich in Worte und Bilder zu kleiden.

JOHANNA KURZ
Grafische Gestaltung

Johanna lebt in Wien und liebt außer der pflanzlichen Küche Farben, Muster, schöne Dinge aller Art und das Finden von Lösungen für Probleme. Sie lässt sich für die kleinsten Dinge begeistern und ist immer auf der Suche nach neuen Inspirationen, Ideen und Bands.

Liebe Leser*innen,

wir sagen Danke, dass wir Sie auf Ihrer Lesereise begleiten durften. Viele weitere Abenteuer, aufregende Geschichten, unverwechselbare Geschenkideen finden Sie auf unserem Abenteuerspielplatz

www.brandstaetterverlag.com

Bleiben wir in Verbindung!
Wir freuen uns auf Ihre Anregungen, Kritik und Wünsche.

leserbrief@brandstaetterverlag.com

Christian Brandstätter Verlag GmbH & Co KG
Wickenburggasse 26, 1080 Wien
Tel.: +43 1 5121543256

Werden Sie Brandstätter-Insider*in!

Teilen macht Freude!
#schnellmalvegan #katharinaseiser #brandstaetterverlag

1. Auflage 2022

Papier: Salzer Touch 150 g,
1,2-fach Vol.

Designed and printed in Austria

ISBN 978-3-7106-0686-1

Herausgeberin: Katharina Seiser
Konzept und alle Texte: Katharina Seiser
Rezepte: Immer wieder vegan, Immer schon vegan: Katharina Seiser; Österreich: Meinrad Neunkirchner und Katharina Seiser; Italien: Claudio Del Principe; Türkei: Orhan und Orkide Tançgil; USA: Oliver Trific; Spanien: Margit Kunzke
Fotografie: Immer schon vegan, Immer wieder vegan: Vanessa Maas; Österreich: Thomas Apolt; Italien: Claudio Del Principe; Türkei: Erman Doğan; USA: Ulrike Holsten; Spanien: Günter Beer
Fotografie Team: Ian Ehm 7, 175 (l.); Stefan Gyalai 175 (m.); Peter Mollner 175 (r.)
Grafik: Johanna Kurz
Lektorat: Else Rieger
Produktion Brandstätter Verlag: Stefanie Neuhart & Alexandra Traxler
Druck: Gugler GmbH, A-3390 Melk/Donau

Lokal & klimapositiv gedruckt – Cradle to Cradle

WIR TRAGEN VERANTWORTUNG

Rückstandsfrei und klimapositiv.

Der Brandstätter-Verlag schützt das Klima und intakte Ökosysteme durch den Druck dieses Buches beim Ökopionier gugler* DruckSinn, dem weltweit ersten zertifizierten Anbieter für Cradle-to-Cradle-Certified®-Druckprodukte.

- Dieses Buch enthält keine umweltschädlichen Bestandteile und kann daher – anders als herkömmlich gedruckte Bücher – zu 100 % wiederverwertet werden.
- Alle CO_2-Emissionen, die beim Druck dieses Buches entstanden sind, wurden zu 110 % kompensiert. In der Produktion kam ausschließlich Ökostrom zum Einsatz.
- Das Cradle-to-Cradle-Certified®-Zertifikat bestätigt das.

FSC www.fsc.org MIX Paper from responsible sources FSC® C005108

UW-Nr. 609

print 4 climate® klimapositiv gedruckt

CERTIFIED cradle to cradle SILVER PurePrint® by gugler* drucksinn.at